科学在你身边
KEXUEZAINISHENBIAN

信息

U0733916

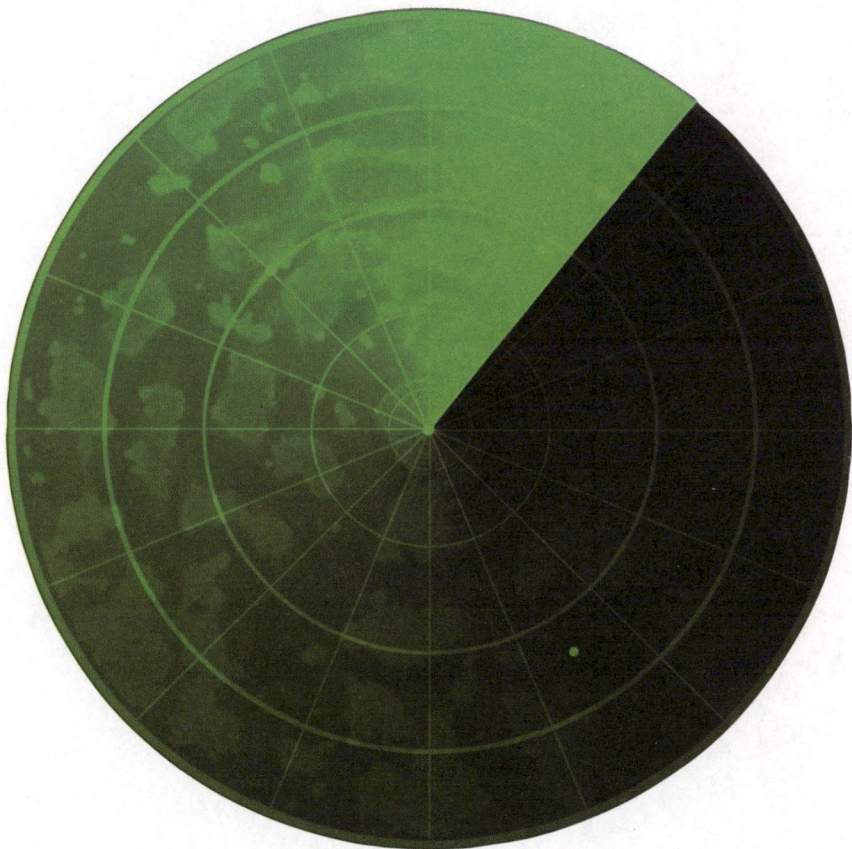

北方妇女儿童出版社

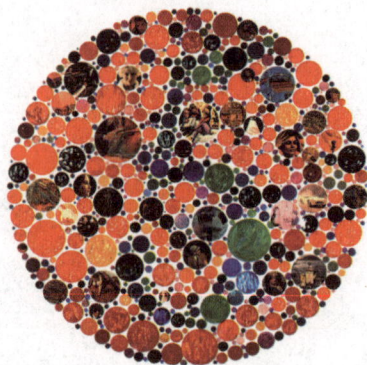

前　言

　　人们经常谈论信息,那究竟什么是信息呢? 是文字、声音、气味,还是图案? 事实上,信息就是人类一切生存活动和自然存在所传达出来的信号和消息。我们每天都可以从广播、电视、报纸、网络中获得大量信息。

　　人类的信息活动经历了五次变革,包括语言的产生、文字的创造、造纸和印刷术的发明、电报与电视的应用及计算机技术的使用。它们将人类历史划分为五种信息社会,每一次信息变革都对社会发展产生了巨大的推动力。

　　在经济飞速发展的今天,信息已经成为一种无法替代的资源,无论在城市还是农村,学校还是企业,商场还是战场,信息都发挥着重要的作用。同时,各种信息库的建立则为信息的传播和利用提供了更加便捷的平台。

　　为什么信息看不见也摸不着,却可以使我们的生活变得五彩缤纷、充满乐趣呢? 它为何会有那么多神奇的力量呢? 答案就在下一页,赶快开始你的探索之旅吧!

目 录
MULU

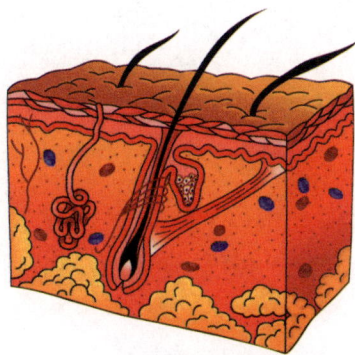

信 息

> "信息"是一个我们非常熟悉的词,我们常能听到这样的话:我们现在已经进入了一个信息化社会,这个时代是个信息大爆炸的时代,掌握第一手信息就等于拥有了财富……这足以说明,信息在我们生活中扮演着十分重要的角色。

信息的含义

从广义上来讲,信息就是消息,它可以是你的感觉器官能感受到的东西,也可以是感觉器官无法感受到,但确实存在的东西。不过,人们一般说的信息多指事物或者通过事物发出的消息、情报、指令、数据、信号中所包含的内容。

▶ 人们可以利用语言和手势来传达信息

信息时代

21世纪是一个信息时代。现在,人类已经清楚地意识到信息对我们生产、生活的影响,并把信息当成一种资源。它与土地、森林、矿产等物质资源一样,是国家宝贵的财富,在推动人类社会发展的进程中发挥着重要的作用。

◀ 电脑、电话、书籍等都是获得信息的途径。

传播信息

信息有可共享和可利用的特征,如果不经过传播,就会失去存在的意义。传播信息就是指发出信息和接收信息。我们平时说话、写文章、做事情都是在进行信息的传播。声音、文字和图像是人类传播信息的主要形式。

▶ 人们之所以喜欢读当天的报纸,是因为可以在上面掌握最新的信息。

信息带来光明

信息是人类了解自然与社会的依据。在生意场上,一条有价值的商业信息可以使商人获得巨额的利润;在农业生产中,一条及时的市场信息可以帮助农民有选择性地种植经济作物;在股市中,一则准确的股市分析信息可以使股民一夜之间成为富翁。

◀ 人潮涌动的股票交易所

小 故 事

你知道《西游记》吗?内容就是讲唐玄奘与他的弟子们历尽艰辛,到遥远的西天取经的故事。经书其实也是一种信息,这个故事表明,人类会克服一切困难来获得信息。

◀ 《西游记》剧照。此剧中师徒四人的形象已经深深印入人们的心中。

古人的信息记载

你可曾想过这样一个问题：古时候，人类没有发明任何一种记录信息的载体，也没有出现文字，人们是用什么方式来记载信息的呢？其实，古人也有一些独特的信息记载方式，例如结绳记事，将文字刻在甲骨上，描摹物体形状等。

打满结的绳子

在原始社会，人们结合自己的经验，想到了一种可以记录事情的办法。他们如果有需要记录的信息，就在绳子上打一个结，重要的事情就打个大结，小事情就打个小结。当他们看到这些大小不等的结时，就会想到相关的事情。

➡ 古代印加帝国的统治者利用结绳法来记录不同的信息，比如去年庄稼的产量、税收的多少和人口数量。依靠这种简单的方法，他们管理着自己的大帝国。

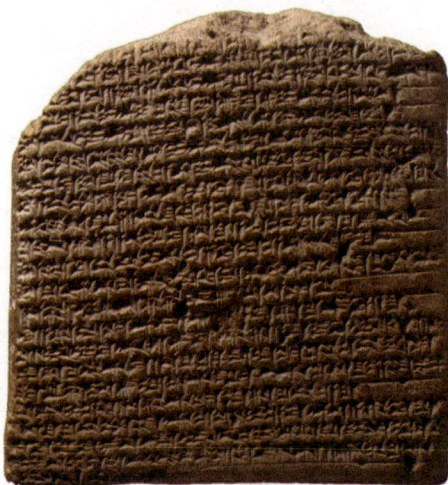

楔形文字

楔形文字是古代西亚最早的居民——苏美尔人所用的文字。他们用削成三角形尖头的芦苇秆或骨棒、木棒当笔，把字写在潮湿黏土制作成的泥砖上或石头上，字形呈楔形，笔画一头粗，一头细，很像钉头或箭头。

⬅ 楔形文字是苏美尔文明的独创，最能反映苏美尔文明的特征。楔形文字对西亚许多民族语言文字的形成和发展产生了重要影响。

甲骨文

甲骨文是刻在骨甲和兽骨上的文字,它是我国已发现的古代文字中,时代最早、体系较为完整的文字。甲骨文的结构大小不一,错综复杂,但已具有对称、稳定的格局。甲骨文的出现,是人类社会进入文明时代的重要标志之一。

➡ 甲骨文是我国汉朝隶书文字的渊源,从字体的数量和结构方式来看,已经具有较严密的系统。

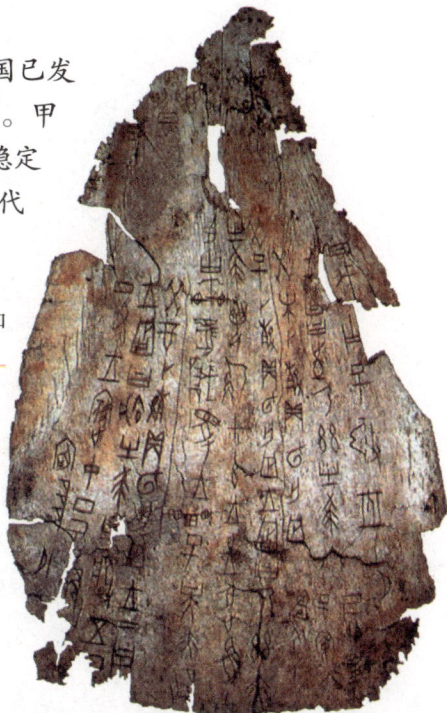

古埃及象形文字

象形文字是一种直接描摹物体形状的文字符号,就像一个个图案。这种文字刚开始写起来既慢又很难看懂,后来埃及人将其演化成一种写起来比较快并且容易使用的字体。

⬇ 画在纸草上的古埃及象形文字

纸草

早在5000多年前,尼罗河畔盛产一种与芦苇相似的植物——纸草。人们把纸草切成小段,剖开压平后连接成片,风干之后就成为当时用来记载信息的"纸"。这些纸草为我们提供了极其珍贵的古代相关信息。

信息交流

信息交流的方式和途径有很多种。不仅人类会进行信息交流,动物也会利用自身独特的方式来进行交流,表达各种感情。你知道,铃声、红绿灯、蟋蟀振翅、电鳗发电分别属于哪种通讯方式吗?

化学通讯

动物可以通过释放和接收化学物质进行信息交流,这种方式称为化学通讯。昆虫体表可分泌出不同的激素传递聚集、跟踪、警报等信息,鱼的皮肤能释放警戒激素,狗、老虎等可以通过自己的尿液气味识别自己的子女、领地或走过的路线。

➡ 雄性乌贼为了讨好雌性乌贼,在水中翩翩起舞,并且不停地变换自己的颜色。

↙ 海豚用超声波交流,蟋蟀以摩擦翅膀发音,青蛙靠咽喉下部的鸣囊震动来鸣叫。

机械通讯

机械通讯是指人或动物通过机械振荡,把信息传给其他个体的传递方式。学校里设置的上下课铃声及汽车上的喇叭等都是人类的机械通讯工具。在动物王国中,也有一些成员会利用机械通讯方式与同伴进行信息交流,如蟋蟀、青蛙、海豚等。

光通讯

利用光传递进行信息交流,称为光通讯。光通讯是人类最早应用的信息交流方式之一。马路上的红绿灯及海上的信号灯都属于光通讯。世界上有上千种动物能自身发光,它们通过光线传递各种信息,有些用来警告,有些用来求偶。

➡️ 右图是浮于水面的一种航标,它通过锚固定在某一海域上。浮标应用广泛,其功能是标示航道范围、指示浅滩或危及航行安全的障碍物。在昼夜通航的水域上所设的浮标,通常都带有发光灯具。

热通讯

热通讯是指通过热量的散发和接收而获取到的信息。响尾蛇的眼与鼻孔之间有异常灵敏的热定位器,能感知周围微小的气温变化,所以它在夜间也能发现鼠类的行踪。

小 故 事

在我国古代,人们为了传递战争情报,筑造了很多烽火台,利用火和烟传递信息。当敌人进攻时,首先发现敌情的哨兵会点燃烽火,邻近的烽火台相继点火,一直传到军营。烽火台白天烧狼粪,燃烧时会产生很多浓烟,因此烽火也称为"狼烟"。

不同含义的信息

信息是个"活跃分子",不仅可以通过各种载体传播并记载下来,而且有时在传播过程中还会出现一些小"故障",使人产生误解。不过,只要能全面理解信息所表达的意思,及时进行有效沟通,它还是会为我们的生活增添很多色彩。

信息的载体

信息之所以能够传播,并被保存下来,全仰仗各种信息载体的"帮忙"。从古至今,人类为了使信息的交流更加方便、快捷,进行着不懈努力。语言、文字、纸张、电话、电视及网络等都是信息的载体。

➡ 书信可以向特定对象传递信息或交流思想

信息的筛选和分类

当面对各种纷杂的信息时,人们需要进行筛选和分类,把那些对自己有帮助的信息保留下来,并划分为学习、工作、生活、娱乐等类别。当需要的时候,人们便会在这些信息中进行有针对性的选择。

◀ 书柜上的书籍记载着各种信息,我们会寻找自己需要的信息来记忆或保存。

信息的"变身术"

各种信息的表达方式都不会是一成不变的，人们会选择不同的方式进行表达，信息也会乘机施展一下自己的"变身术"。同样的信息，既可以用文字的表达方式告诉对方，也可以用语言或肢体动作让对方明白。

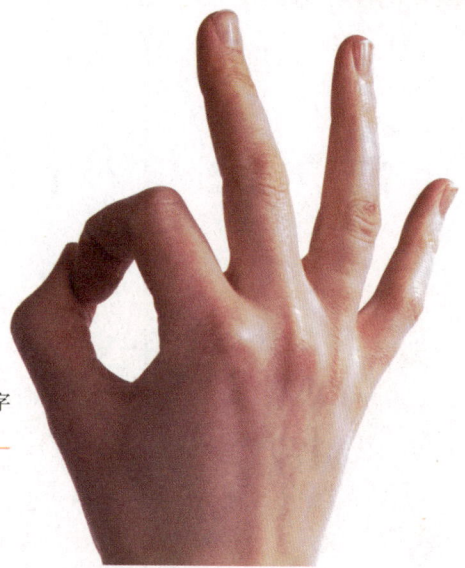

➡ "OK"，我们可以用语言来表达，也可以用文字来表达，还可以用肢体动作来表达。

信息引起的误解

我们在生活中常会遇到因对信息的理解不同而引起误会的现象。由于信息具有可再生性，当你传达给对方一种信息时，如果他或她不能准确理解你所要表达的意思，接收到的信息便会被曲解，因此产生误会。

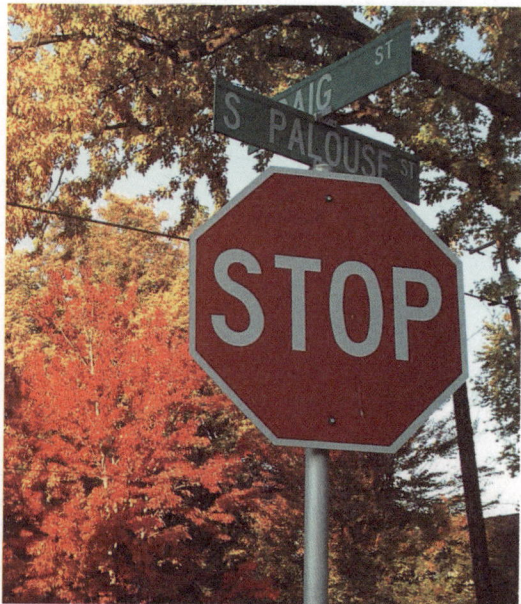

🔺 对信息理解错误会引起争辩

小 游 戏

下面一起来做个小游戏。每两位小朋友为一组，其中一位组员做相关肢体动作(切记不能说话)，比如喝水、跳舞、做兔子的动作等，另一位组员来猜表达的意思。通过这个小游戏，你有哪些收获呢？

🔺 标志牌如果放错位置也会让我们理解错误

五花八门的动物"语言"

动物世界并非寂静无声，动物们也有自己独特的信息交流"语言"。你也许见到过蜜蜂摇头摆尾、蚂蚁相互碰触角、孔雀展开美丽的尾屏及黑猩猩聚集到一起"呼呼"叫，但是你能明白它们想表达的意思吗？

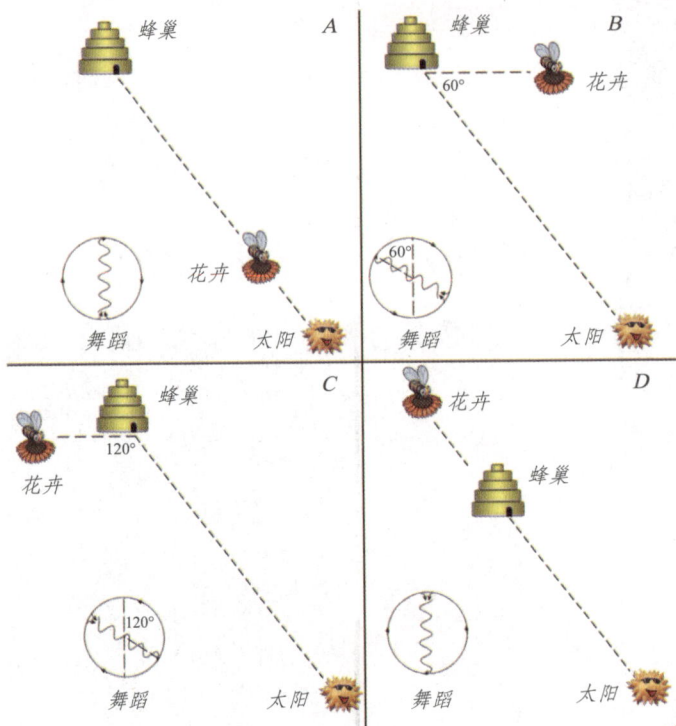

蜜蜂的"8"字舞

蜜蜂是昆虫王国中十分勤劳的成员，整天在花丛中飞来飞去，寻找花蜜。当发现蜜源时，蜜蜂会通过一系列含义不同的"8"字形摆尾舞告诉同伴花蜜的远近、方向等信息。

左图是蜜蜂的四种"8"字形摆尾舞，由于花蜜离蜂巢的远近、方向不同，所以蜜蜂的"舞姿"也有所不同。

蚂蚁碰触角

蚂蚁通过碰触角的方式来与同伴交流。外出的蚂蚁发现食物后，就会回巢报信，途中如果遇到同巢的成员就会用触角互相碰撞，然后再用触角接触几下地面。这样，同伴就通过气味了解到了食物的大小、所在方位等信息。

孔雀开屏

孔雀是一种代表吉祥的鸟，羽毛非常漂亮。在孔雀家族中，雄孔雀的羽毛比雌孔雀更鲜艳。五彩的羽毛是雄孔雀求偶的"资本"。当遇到雌孔雀时，它就会展开美丽的尾屏，好像在得意地说："你瞧！我多好看啊！"

萤火虫的亮光

萤火虫无论雌雄都会发出闪闪的亮光，它们就是利用这种亮光来寻找配偶的。雄虫飞离地面几米后闪动荧光，向雌虫发出求爱信号，中意的雌虫就会在地面上或树丛中呼应，指引雄虫向自己飞来。

黑猩猩们在"聊天"

黑猩猩在不同的情况下都会发出同一种"呼呼"的声音，伴随着声音的高低和各种面部表情，可以表达不同的意思。成群的黑猩猩在一起时，经常会用这样的语言去"聊天"。

互通信息

信息具有一定的时效性和可利用性，所以相互沟通，使彼此获取更多有利用价值的信息是非常有必要的。在什么情况下 1 加 1 不仅仅等于 2？信息的互通也算得上是一个典型的例子。互通信息，资源共享，我们每个人的生活就会变得更加美好。

声音传递

通过声音输送或接收信息需要经过很多步骤。如果我们想了解彼此脑海中的想法，首先，大脑必须输送相关信息到我们的声带，然后再以特定的方式发出声音，也就是说话。发出的声音经过空气传播，到达听者的耳鼓，耳鼓再将声音转换成电波信号，听者的脑才能理解，并做出回应。

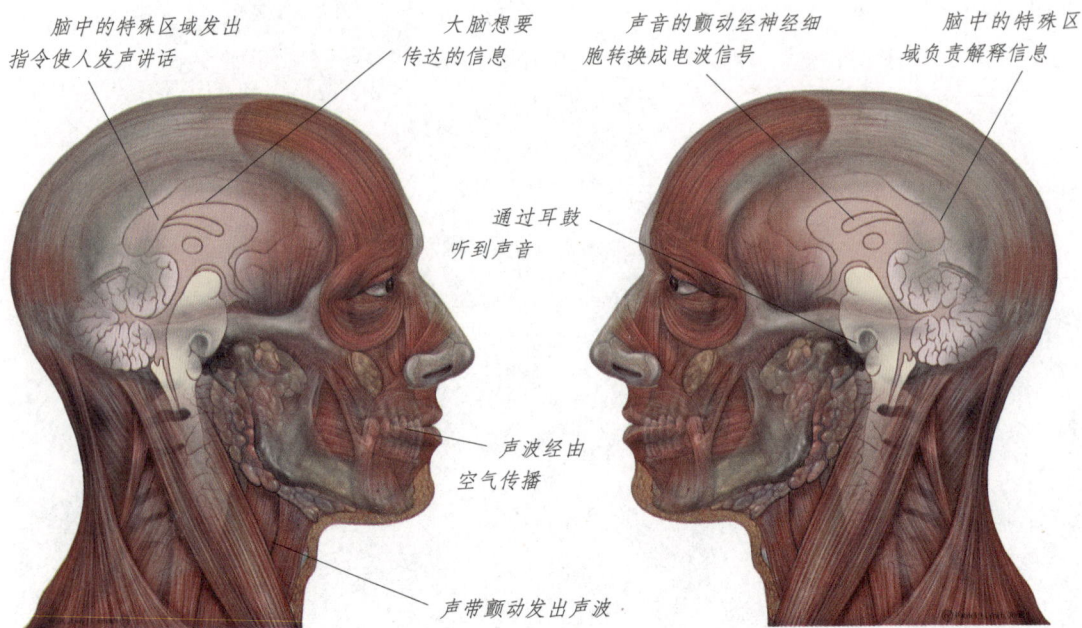

脑中的特殊区域发出指令使人发声讲话

大脑想要传达的信息

声音的颤动经神经细胞转换成电波信号

脑中的特殊区域负责解释信息

通过耳鼓听到声音

声波经由空气传播

声带颤动发出声波

电视信号传递

电视系统发射塔将图像信号转换成电磁波发射出去

电视信号传递是把电磁信号转化为声光信号的过程。电视系统发射端将声音和图像信号调制成高频电磁波信号发射出去，电视机接收器收到信号后进行解调，还原出声音和图像，我们就可以看到各种精彩的电视节目了。

电视天线接收电磁信号并传送给电视机

电视机把电磁信号转换成图像，将丰富多彩的电视节目呈现给观众。

▲ 电视信号传递示意图

互通信息的重要性

当今社会，无论在学习、工作还是日常生活中，信息互通都非常重要。互通信息是一件双方受益的事情，如果没有进行信息的及时沟通，那么有些事情就无法达到预期结果。例如，老师给每个小组布置了一项任务，在执行的过程中，我们不但要与组员进行沟通，各抒己见，发挥团队协作精神，而且还要与老师及时进行沟通，以免出现"跑题"现象。

▲ 执行任务的特种部队队员都戴着报话机，他们每时每刻都要向总部报告所在的方位等信息。

人与人的交流

人与人之间每天都要进行信息的交流。语言、文字、肢体动作及面部表情，都是我们常用的交流方式。同一种想法或情绪可以利用不同的方式进行交流，但表达的效果有一定差异。

语言交流

语言是以声音为外壳，以意思为内容，音意结合的符号系统。语言是人与人之间最常见、最直接、最重要的交流方式，我们可以通过语言告诉别人自己的想法及所做的事情。

➡ 语言交流是人与人之间最基本的交流方式

肢体语言交流

肢体语言又称为身体语言，是一种无声的交流方式，主要借助各种不同的肢体动作来达到表情达意的沟通目的。我们在日常生活中用到的肢体语言很多，例如：鼓掌表示兴奋和鼓励，双手摊开表示无奈，点头表示赞同和肯定，搓手表示焦虑和不安。

表情交流

　　面部表情也是人与人之间进行信息交流的一种方式。不同的面部表情可以表达喜悦、愤怒、悲哀、厌烦、恐慌等情绪。表情交流在人际沟通中非常重要，毫无表情的沟通会让人感觉很不舒服，无法达到预期的信息传递效果。

　　◄ 人类表情主要包括面部表情、言语表情和肢体表情。面部表情是情绪在面部的表现，它是情绪表达的主要通道。言语表情是情绪在语言的音调和节奏速度等方面的表现。肢体表情是情绪在身体动作上的表现。

▲ 卡通动画里人物的各种表情

文字交流

　　文字是人们比较常用的一种交流方式，它可以使人不受时间和地域的限制而进行交流。即使对方在很远的地方，你也可以通过书信、电子邮件或电报等载体表达自己的想法。文字交流被认为是一种比较含蓄的表达方式，可以传递一些无法用语言表达的思想。

小 实 验

　　哑剧是一种最困难的表演方式，因为演员只能通过肢体动作来传达信息。你也可以试着编写一则小故事，用哑剧的方式表演给其他人观赏，测试一下肢体语言能达到怎样的交流效果。

▲ 哑剧表演

信 号

信号是传递信息的重要方式，可以应用到不同的领域及特定的人群。信号大多具有指示或命令的作用，可以保证工作秩序，提高工作效率。不过，也有些信号现在已经发展成为一种语言，例如手语。

手语

手语是用手势比量动作，根据手势的变化模拟形象或音节而构成的一定意思或词语。它是听力有障碍的人互相交流思想的一种手势语言。每个人只要能掌握特定手势所代表的含义，就可以与听力有障碍的人进行交流。

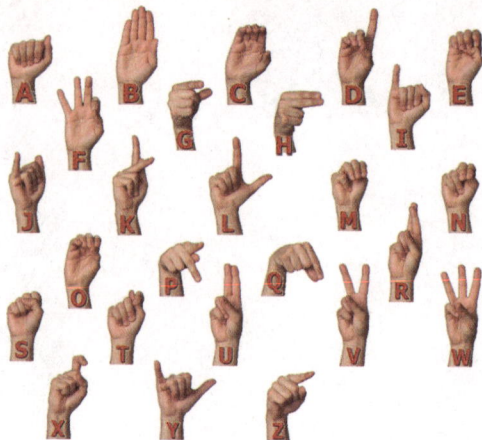
▲ 手语示意图

替换　　　　越位　　　　掷界外球

近端越位　　中间越位　　远端越位

旗语

旗语是一种古老的信号系统，它是世界各国海军通用的"语言"。不同的旗子和旗组表达不同的意思，普通人并不能理解其中的含义，但专业人员却可以利用它传达或接收各种信息。足球比赛中的边裁也是利用旗语来传递信息的。

◄ 足球边裁旗语示意图

铁路信号

　　铁路信号是向铁路工作人员发出的指示和命令,按感官可分为视觉信号和听觉信号两大类。视觉信号是以物体或灯光的颜色、形状、位置、数目等特征表示的信号,例如信号灯、线路标识。听觉信号是以不同声响设备发出音响的强度、频率、音响长短和数目等特征表示的信号,例如:火车鸣笛、调车员的口哨。

➡ 铁路道口报警器

⬅ 过马路用的安全指示牌

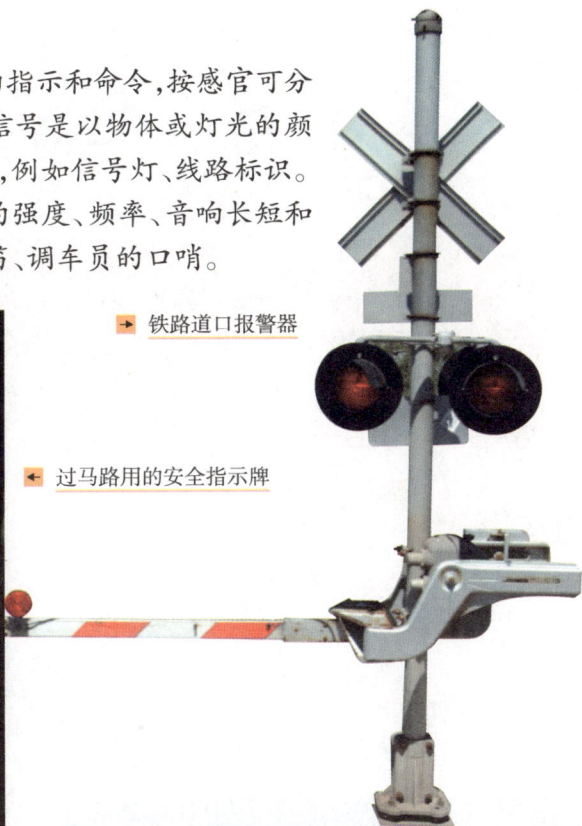

🔲 人类早在公元前数百年就开始使用灯塔。公元前280年,亚历山大港外修建了一座法罗斯灯塔,高达85米,以燃木材发光为信号,它是著名的古代灯塔。18世纪末至19世纪,透镜灯塔、电力灯塔等相继出现。

灯塔

　　灯塔是一种固定的航标,用来引导远处船舶接近港口,或指示礁石、浅滩等危及航行的障碍物,起源于古埃及的信号烽火。现代大型灯塔结构非常复杂,内部有良好的生活、通信设施,可供管理人员居住。虽然我们现在已经拥有先进的航海导航系统,但灯塔仍然发挥着重要的作用。

色彩信号

色彩能帮助我们了解更多周围的信息。由于人脑对色彩的感应非常灵敏,所以色彩可以给人留下深刻的印象。各种鲜艳的色彩信号能起到警示作用,可以集中人的注意力。

红绿灯

红绿灯是重要的交通信号灯,马路上的每个路口都有它不停变幻的"身影"。红绿灯是由红、绿、黄三种颜色构成,红色光的波长很长,穿透空气的能力强,同时比其他信号更引人注意,所以作为禁止通行的信号。黄色光穿透空气的能力也比较强,因此作为警告的信号。采用绿色作为通行信号,是因为红色和绿色的区别最大,容易分辨。

➡ 红绿灯在城市交通中发挥着重要的作用

警灯

我们经常会在警车或救护车上看到色彩鲜艳的警灯。警灯是红蓝相间的,红色是暖色系中的原色,具有警示作用,而蓝色是冷色系中的原色,可以与红色形成鲜明对比,更能引起人们的注意。不过,有些国家的警灯只有其中一种颜色。

警戒色

警戒色是指某些有恶臭或毒刺的动物所具有的鲜艳色彩和斑纹,是一种警告信号。警戒色是动物在进化过程中形成的,可以使敌害易于识别,避免自身遭到攻击。箭毒蛙具有非常鲜艳的体色,很多动物都不敢靠近它们。

⬆ 我们看到马路边摆放的路障,红白色就是警戒色。

⬆ 箭毒蛙是世界上毒性最大的动物之一,它的整个躯体不超过 5 厘米,但背上却藏着毒液。

色彩混淆

人们常常喜欢用很多种颜色来表现事物,但是这样做非常容易造成色彩的混淆,反而不利于清楚地传递信息和事物的展示。我们将五颜六色的衣服放到一起时,很难将它们区分。如果将它们分开单独摆放,或使用暗色的背景,就会比较容易区别。色盲症患者就不能分辨各种颜色或某种颜色。

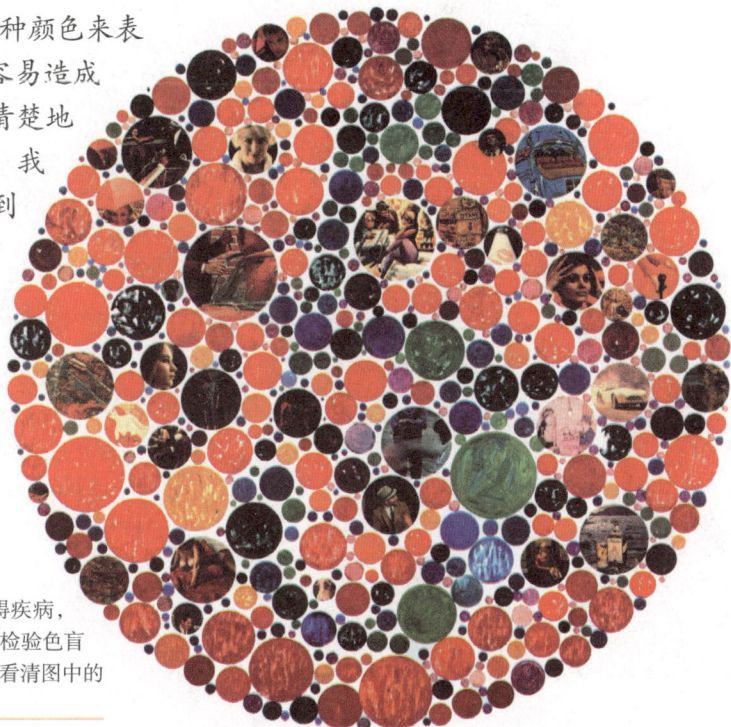

➡ 色盲是一种先天性色觉障碍疾病,就是不能辨认颜色。右图是一幅检验色盲的图片,色彩五颜六色,你是否能看清图中的数字?

图像符号

图像符号是传递信息的重要形式，它可以不受地域、语言、文字等因素限制，十分准确地将信息表达出来，并且非常容易被人理解。我们生活中的各种交通标志、便民符号等都广泛采用图像来做标识。

交通标志

交通标志是把有关交通的指示、警告、禁令等信息，采用不同的标牌、颜色、符号和文字表示出来，并设置在道路侧边或上方的交通设施。当在道路上行走时，你仔细观察一下四周，就会发现很多代表各种含义的交通标志。交通标志是维持交通秩序的"优秀标兵"，我们常见的标志有减速慢行、注意行人、非机动车道、公交车专用车道、向左向右转弯等。

▲ 代表各种含义的交通标志

▲ 公用电话标志牌

便民符号

为了方便市民的生活，每座城市都建立了很多便民设施，并制定了专门的便民符号。公共厕所标志、急救电话一览表、紧急出口指示牌、派出所标示牌等都是我们比较常见的便民符号。这些便民符号虽然看上去只是一块很小的牌子，但在我们的生活中却发挥着很大的作用。

模仿手势的符号

　　模仿手势的符号就是一种像手指在指方向的符号。我们每个人都会用手指指方向，因此，模仿手势的符号可以说是最容易理解的国际通用符号。人们看到这种符号，首先会想到是方向路标，也就知道自己应该朝哪个方向走了。

▶ 箭头就是模仿手势的符号

▲ 我们在生活中常见的图像符号

其他符号

　　我们生活中还有很多非常容易辨认的图像符号，它们能够准确地传递所要表达的意思，比如箭头符号。箭头自古以来就是人们常用的符号，所以全世界的人都能了解它代表的含义。其他容易辨认的符号还有人、电话等。

图 表

当我们做一项数据统计时，会遇到很多让人头疼的信息，既无法整理，又很难区分。这个时候，图表就可以发挥大作用了。各种类型的图表能帮助我们把那些错综复杂的数据资料整理得井井有条，让人一目了然。

有吸引力的图形结构

图表是指可以直观展示统计信息属性，对知识挖掘和信息直观感受起关键作用的图形结构。图表被广泛用于数据统计工作，枯燥的数据穿上各种漂亮的"外衣"后，看起来就有了吸引力。

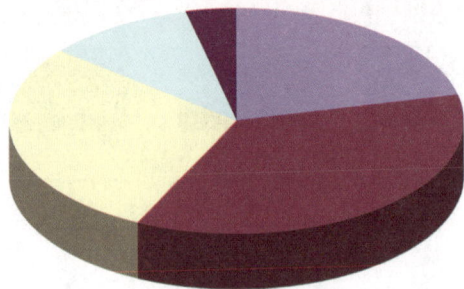

⬆ 我们常见的扇形图

坐标轴与刻度

坐标轴是用来定义一个坐标系的一组直线或曲线，可以界定图表绘图区。坐标轴分为横、纵两条，横轴是水平的，也称 X 轴；纵轴是垂直的，也称 Y 轴。图表的坐标轴上标有清楚的刻度，能将图表信息表达得更准确。

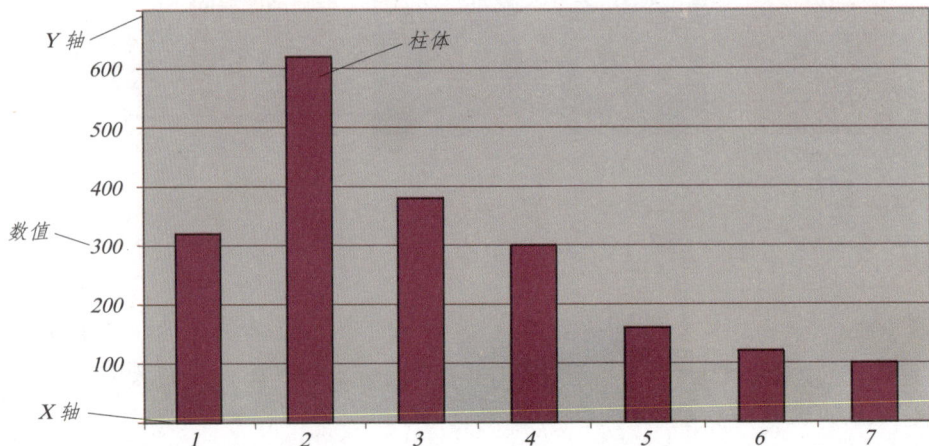

⬅ 柱状图

图表属性

图表是将数据转化为直观、形象的"可视化"信息的一种手段,具有多样性、优先性、归属性、时间性、主题性、空间性、相关性、数量性8个基本属性,包括表现什么、何处、何时、何种程度及如何等内容。

← 股票分析图

各种类型的图表

图表包括很多种类型,条形图、柱状图、折线图和扇形图是人们最常用的类型。按照电子制表软件对图表类型的分类,还包括散点图、面积图、圆环图、雷达图等。我们可根据不同的信息内容来选择使用最适合的图表类型。

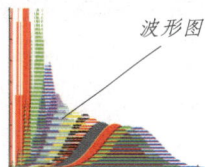

波形图

图表的基本构成要素

不同类型的图表具有不同的构成要素,如折线图一般要有坐标轴,而扇形图却没有;流程图有箭头标识,而柱状图没有。归纳起来,图表的基本构成要素有标题、刻度、图例和主体等。

↑ 我们要了解汽车的构造,就必须看汽车的剖面图。

折线图

折线图是我们比较常用的图表,适用范围广,经常能在书籍或报纸上看到,制作起来也很容易。在折线图中,表示类别的数据沿水平轴均匀分布,表示值的数据沿垂直轴均匀分布。

使用折线图的场合

折线图可以显示随时间或有序类别而变化的连续数据,因此非常适用于显示在相等时间间隔下数据的变化趋势。我们在表示一个月中每天的温度变化或每分钟的速度变化时,都适合用折线图。

下图是表示 7 天内温度的变化情况

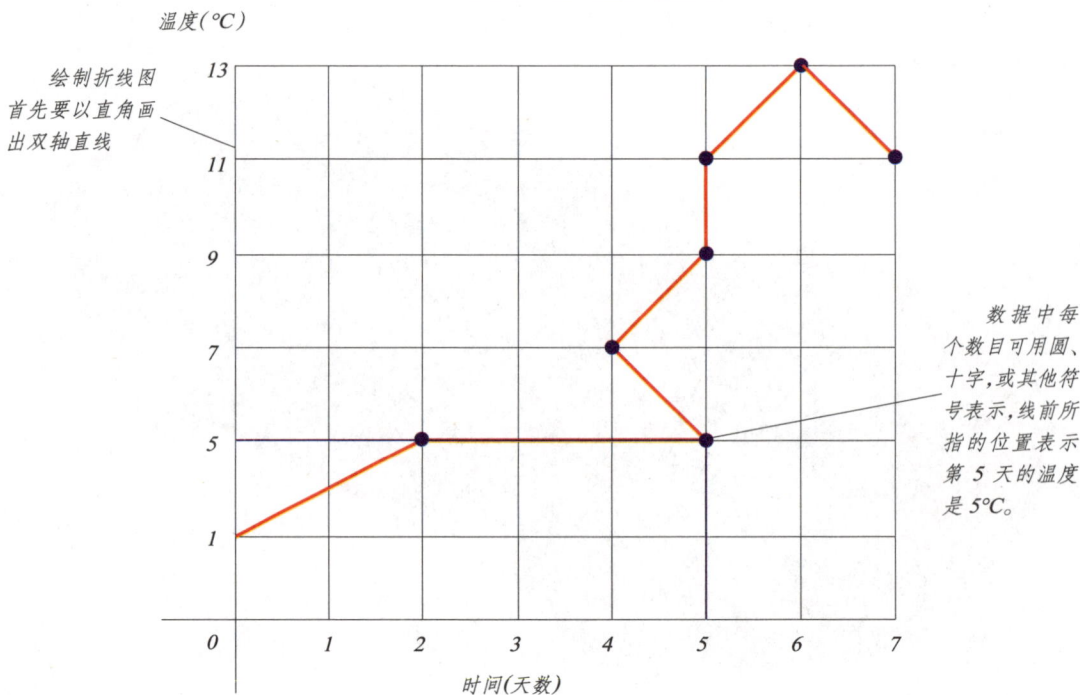

温度(℃)

绘制折线图首先要以直角画出双轴直线

数据中每个数目可用圆、十字,或其他符号表示,线前所指的位置表示第 5 天的温度是 5℃。

时间(天数)

折线图的分类

折线图包括很多种类型,大致分为带数据标记的折线图、堆积折线图、带数据标记的堆积折线图、百分比堆积折线图、带数据标记的百分比堆积折线图、三维折线图几种。

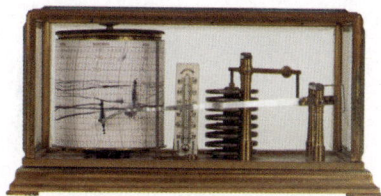
↑ 早期的心电图机

↑ 三维折线图

我们在医院经常见到的心电图就是折线图,不过它是由机器画出来的。

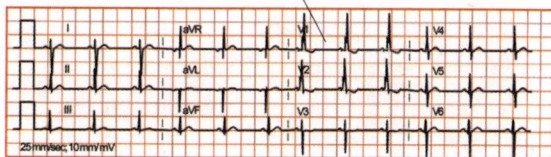

↓ 下图是某辆汽车在不同时间的速度折线图

时间

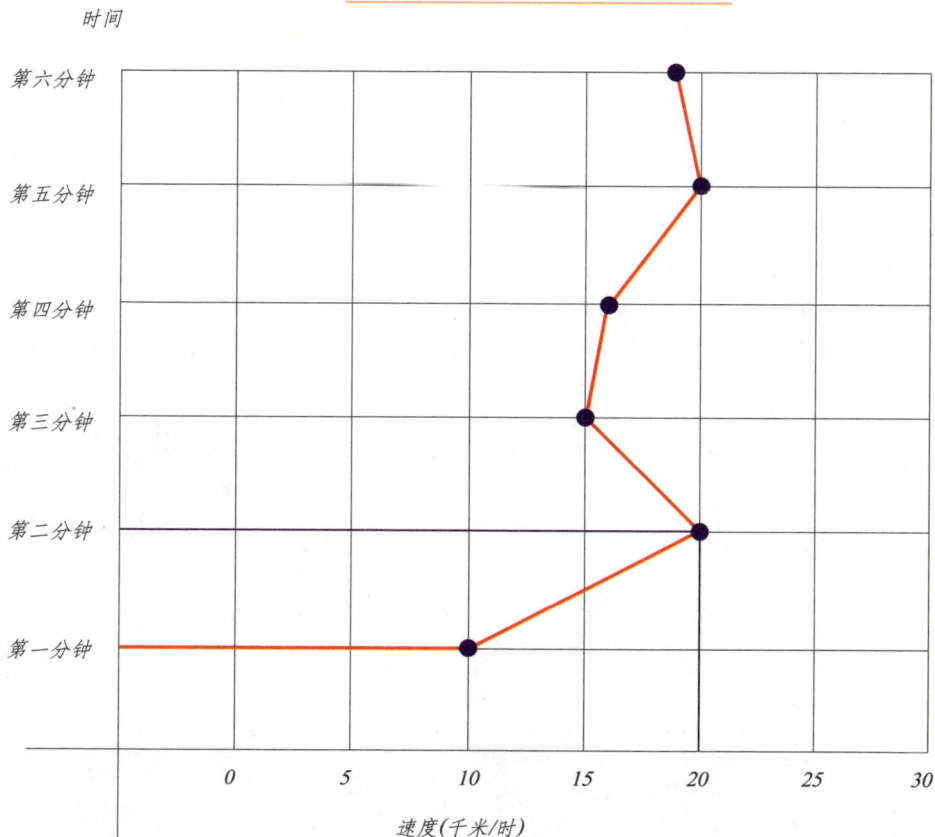

速度(千米/时)

扇形图

扇形图也称圆形图或饼形图，是利用圆和扇形来表示总体和部分的关系。其中，圆代表总体，圆形中的不同扇形分别代表不同的部分，扇形的大小反映部分在总体中的百分比大小。因此，如果我们想看看某项数量在总量中占多少时，最适合用的图表类型就是扇形图。

扇形图的制作步骤

1.列出全年的各种天气情况；

2.统计出不同天气情况占的天数；

3.计算出每种天气情况在全年中所占的比例（用各种天气情况的总天数除以一年的总天数）；

4.算出百分比占全圆的角度（一个全圆有360度，用各个百分比乘以360）；

5.用圆规画一个圆；

6.根据各种天气占全圆的角度，用角度尺将圆划分成不同的扇形；

7.在每个对应的扇形区外边加上注明文字。

下面是全年各种天气情况的统计表，根据表格，我们可以做出相应的扇形图。

类 别	天 数	百分比	占全圆的角度
雨	50	（50/365=0.14）14%	0.14×360=50度
雪	20	（20/365=0.05）5%	0.05×360=18度
阴天	70	（70/365=0.19）19%	0.19×360=68度
多云	75	（75/365=0.21）21%	0.21×360=76度
晴天	135	（135/365=0.37）37%	0.37×360=133度
沙尘	15	（15/365=0.04）4%	0.04×360=15度

阴天

雨

雪

沙尘

多云

晴天

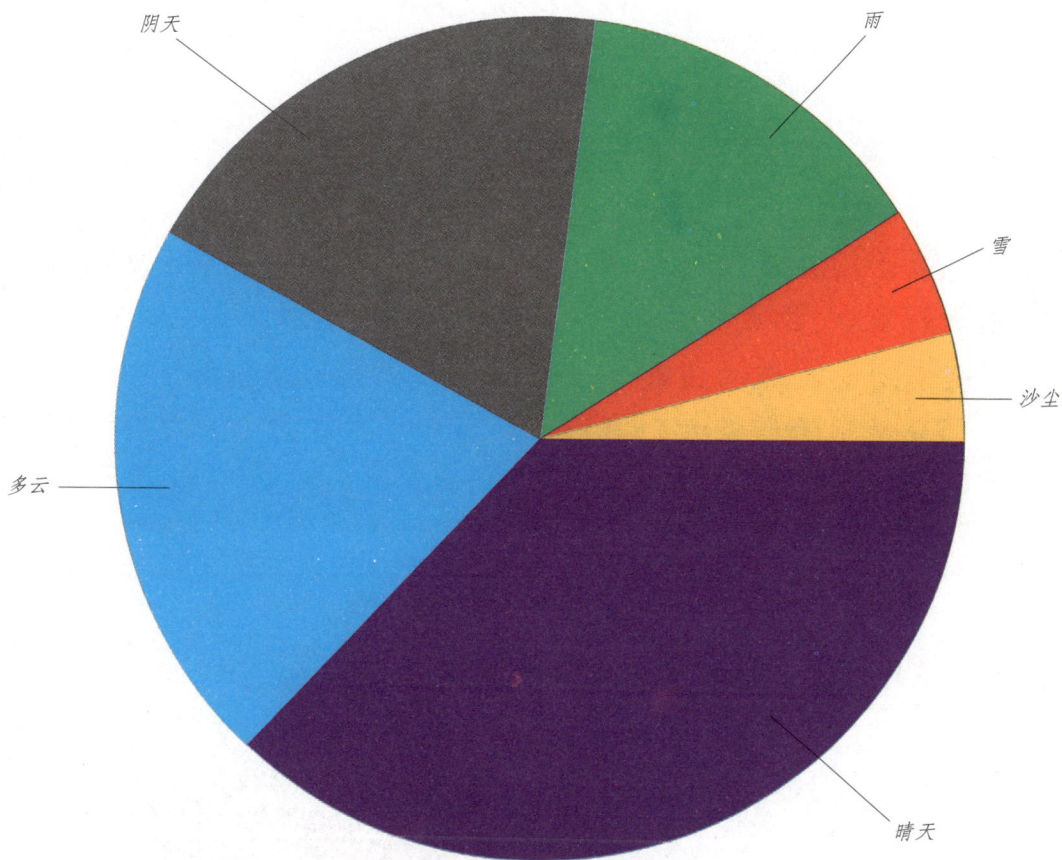

↑ 这张扇形图表示全年各种天气情况的天数, 不同的颜色表示不同的天体状况。

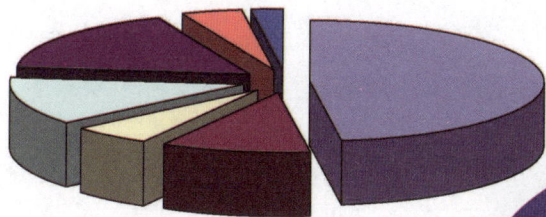

↑ 手机品牌市场占有率

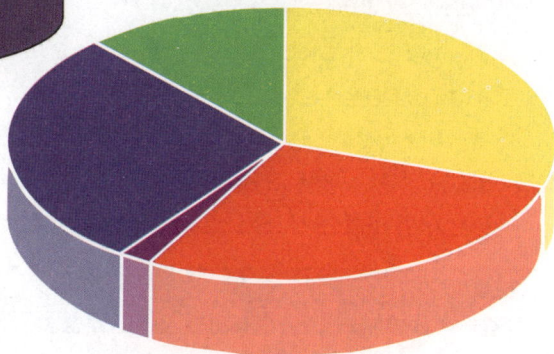

↑ 某汽车公司的市场占有份额

条形图

条形图就是用一定的单位长度表示一定的数量，根据数量的多少，画成长短不同的直条，再把这些直条按顺序排列起来所绘制成的图表。条形图与柱状图十分相似，但柱状部分绘制的横竖方向不同。条形图容易比较数据之间的差别，但不能明确显示部分与整体的关系。

➡ 直方图与条形图的区别在于，绘画条形图时，不同组之间是有空隙的，而绘画直方图时，不同组之间是没有空隙的。条形图主要用于展示分类数据，而直方图则主要用于展示数据型数据。

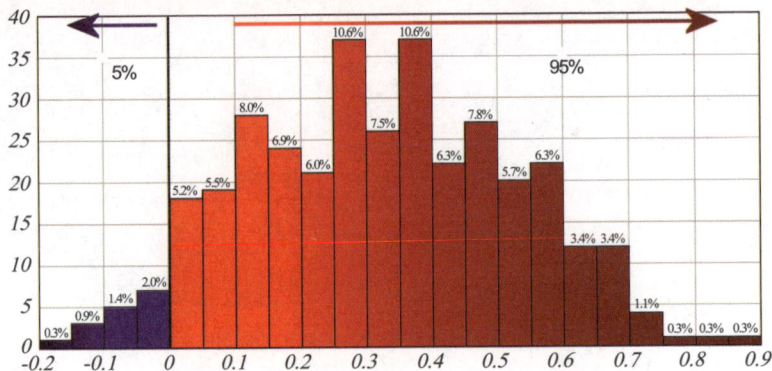

绘制条形图时应注意

1.要以直角画出双轴直线，横轴表示使用的时间，纵轴表示参赛者姓名。

2.画出每一轴的间隔，并标上刻度值。需要注意的是，每轴间隔距离必须相等，直条宽窄相同，纵轴的起点一般从 0 开始。

3.数据由横条长度表示。使用了多长时间，横条长度就到达相对应的时间值。

4.将横条内填入色彩，以便于清楚显示结果，形成对比。

5.复合条形图中包含多种项目，绘制时图中表示不同项目的直条，要用不同的颜色或条纹区分开来，并标注图例说明。

下表为小明等 8 人 50 米短跑的成绩表，根据表格，做出相应的条形图。

姓名	小明	杰杰	亮亮	小宇	航航	东东	小西	大伟
时间(秒)	8	8.5	9	9.2	7	7.8	7.5	8.3

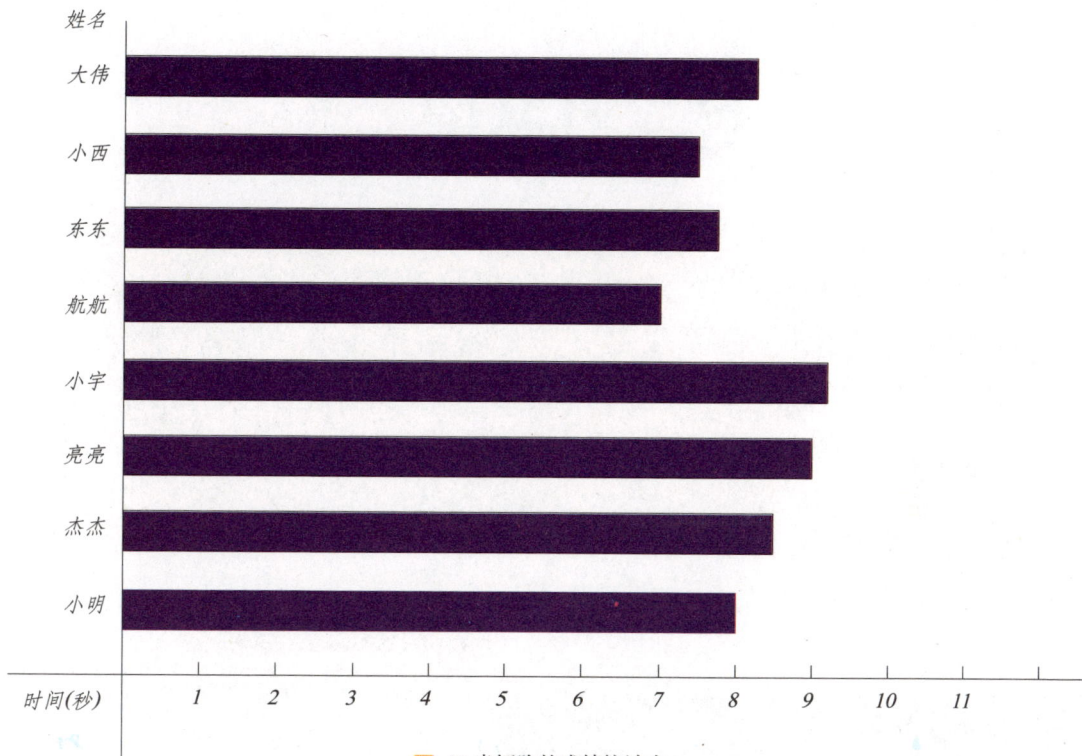

↑ 50 米短跑的成绩统计表

组宽度

通常来说，每组的宽度是一致的。组数和组宽度的数值不能独立确定，一个经验标准是：

近似组宽度=(最大值−最小值)/组数，然后根据四舍五入确定初步的近似组宽度，之后根据数据的状况进行调整。

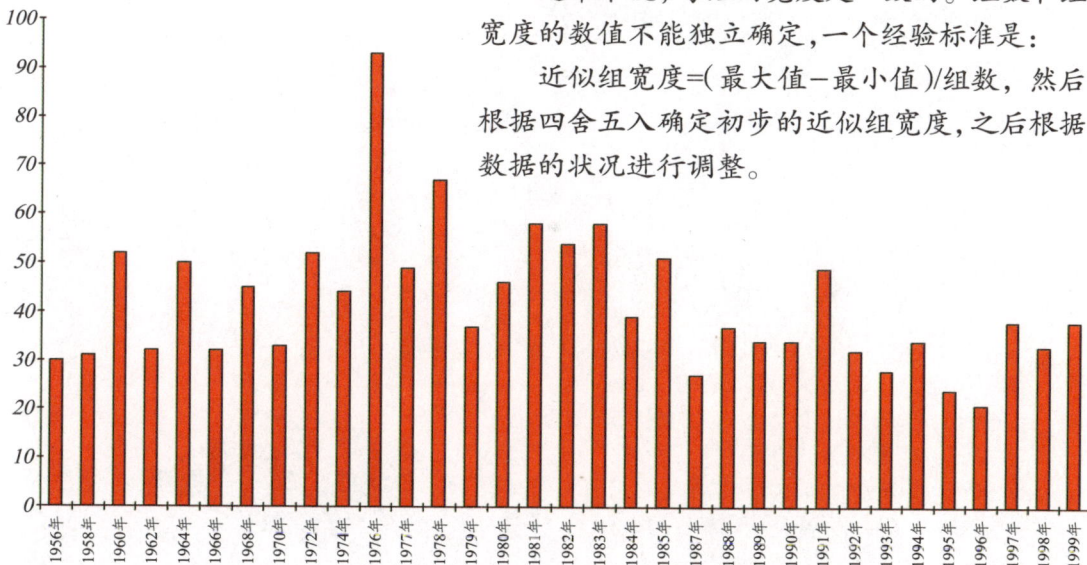

↑ 某高校从 1956 ~ 1999 年的毕业生统计条形图

柱状图

柱状图也称柱形图，是我们比较常见的图表类型，它是表达信息最简单的方法之一，通常用于显示一段时间内的数据变化或显示各项之间的比较情况。我们在绘制柱状图时需要两种资料：一种是类别资料（如月份、天数），另一种是每种类别的数量（如每个月、每天的生活费）。

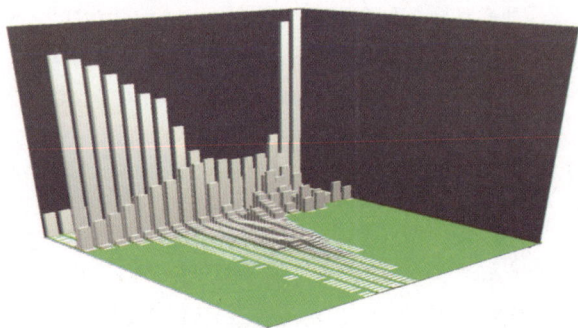

▲ 立体柱状图

柱状图绘制要点

1.柱状图绘制时的步骤与条形图类似。在柱形图中，通常沿水平轴组织类别，而沿垂直轴组织数值。

2.通过图表我们可以看到杨瑞同学每月的生活费都不一样多，而且很容易看出每个月之间的差距。

3.电脑具有利用按钮选取柱状图的功能，很多电脑程序甚至可以将柱状图结果以三维空间表现出来。

小 实 验

在班级里面，不同年龄、不同身高，也可以用柱状图来表示。你可以罗列出几个不同年龄，再统计出不同年龄同学的身高，然后把这些数据先做成普通表格，最后以身高数据为纵轴，年龄数据为横轴绘制成柱状图。试试看，一定能清楚地看出差距。

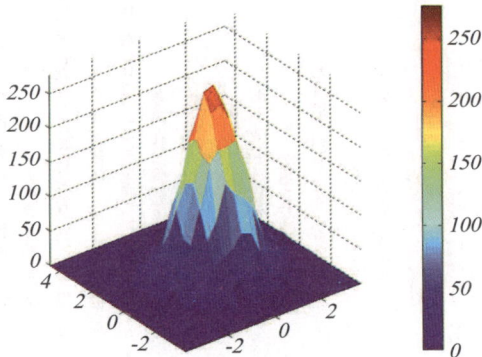

▲ 三维空间的立体柱状图

下表为杨瑞同学每个月生活费支出情况,根据表格做出相应柱状图。

月份	1月	2月	3月	4月	5月	6月	7月	8月	9月	10月	11月	12月
生活费(元)	150	100	200	130	120	180	125	80	220	145	110	175

生活费(元)

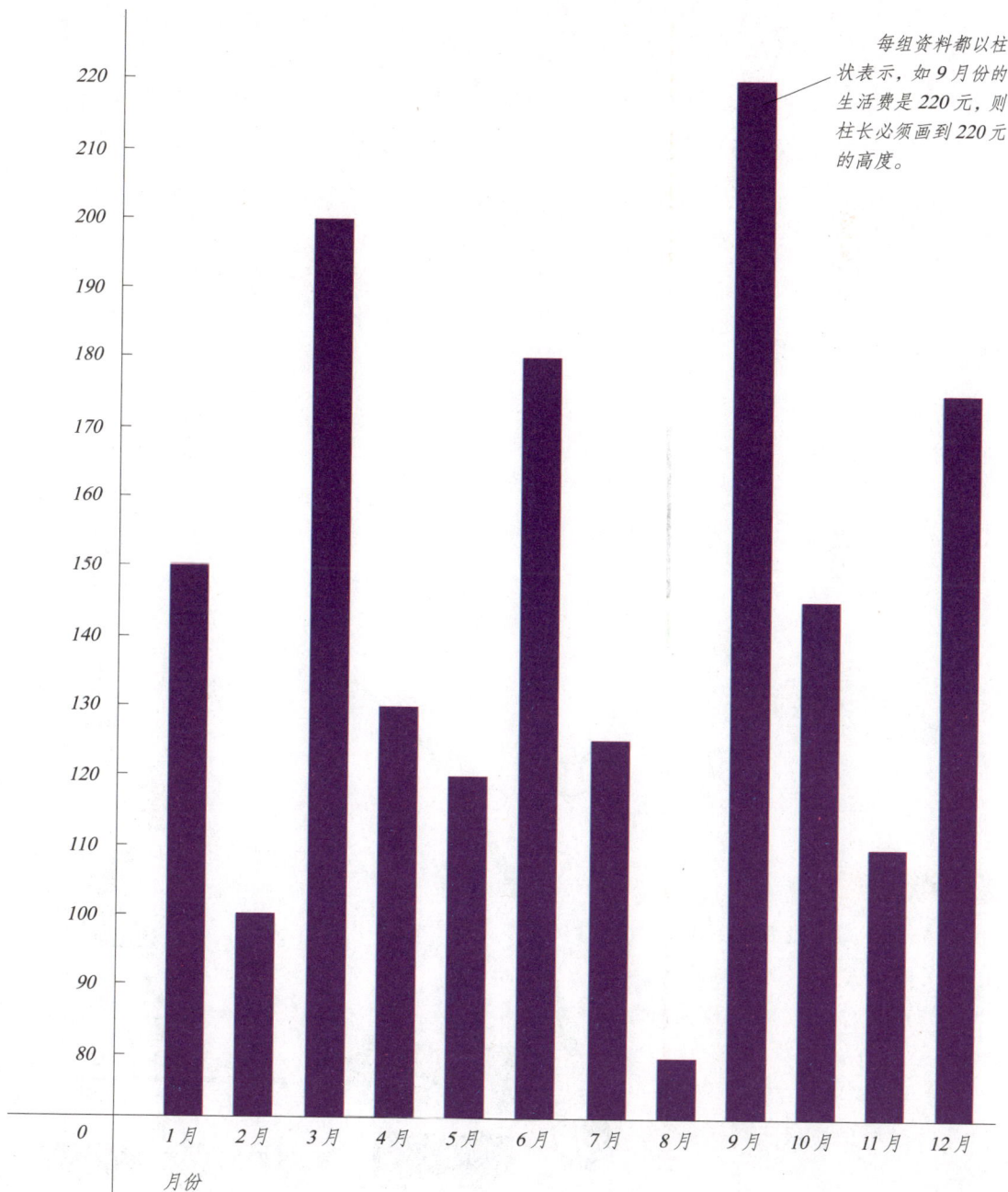

每组资料都以柱状表示,如9月份的生活费是220元,则柱长必须画到220元的高度。

月份

流程图

流程图用来表示事件发生的顺序和步骤，由一些图框和流程线组成，将信息分解传递。其中，图框表示各种操作的类型，图框中的文字和符号表示操作的内容，流程线表示操作的先后顺序。流程图包括顺序结构、选择结构、循环结构三种基本结构。

冶炼钢铁流程图

钢铁是我们熟悉的物质，它并不是天然生成的，必须经过一系列程序才可以冶炼成功。首先，要将炼钢所需的铁矿石和焦炭放入炼铁鼓风炉中，然后再经过转炉、精炼、热轧、精整等流程才可以冶炼成在建筑工程中发挥着重要作用的钢铁。

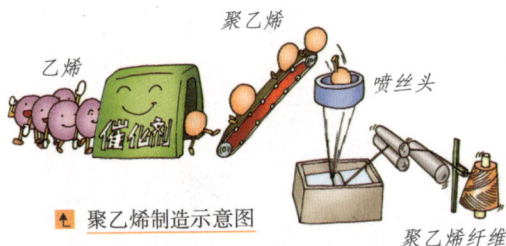

铁矿石和焦碳

炼铁鼓风炉

冶炼流程图

聚乙烯

乙烯

喷丝头

催化剂

聚乙烯纤维

聚乙烯制造示意图

电炉　转炉　铁水

二次精炼

钢水

连铸

废钢回收再炼制

板坯、大方坯和小方坯

热轧

看病流程

我们去医院看病时，也需要遵守一定的秩序。先到窗口挂号，告诉工作人员你要到哪个科室，然后再去相应的科室找医生看病，医生确诊开了药后，拿着药单到划价处交钱，之后是取药。

制造、精整

表面处理、成型

废弃钢铁回收

↓ 家谱

玛丽(女)
生于 1837 年，死于 1898 年，嫁莫
纳德(男)，生于 1832，死于 1870。

子女　　　　9 个孩子

150 年前

杰克(男)
生于 1859 年，死于 1928 年，娶凯
瑟(女)，生于 1852，死于 1914。

子女　　　　6 个孩子

玛丽娜(女)
生于 1878 年，死于 1952 年，嫁卡
特(男)，生于 1880，死于 1943。

子女　　　　7 个孩子

100 年前

华莱士(男)
生于 1899 年，死于 1978 年，
娶桃丽丝(女)，生于 1903。

子女　　　　5 个孩子

伊莉莎(女)
生于 1925 年，嫁佛里萨
(男)，生于 1930。

子女　　　　2 个孩子

50 年前

麦可丽(女)
生于 1958 年，嫁乌利达
(男)，生于 1955。

2 个孩子

现在

布莱尼(女)
生于 1984 年

阿曼达(女)
生于 1985 年

家谱

　　家谱是一种以图表形式，记载一个以血缘关系为主体的家族世系繁衍和重要人物相关信息资料的特殊图表。它是由最古老的祖先开始记录，直到最年轻的成员。家谱的形式有多种，在文字家谱出现之前就有口授家谱和结绳家谱。后来，有人用图表裱制垂挂在墙上，也有的装订成册供家人翻阅。

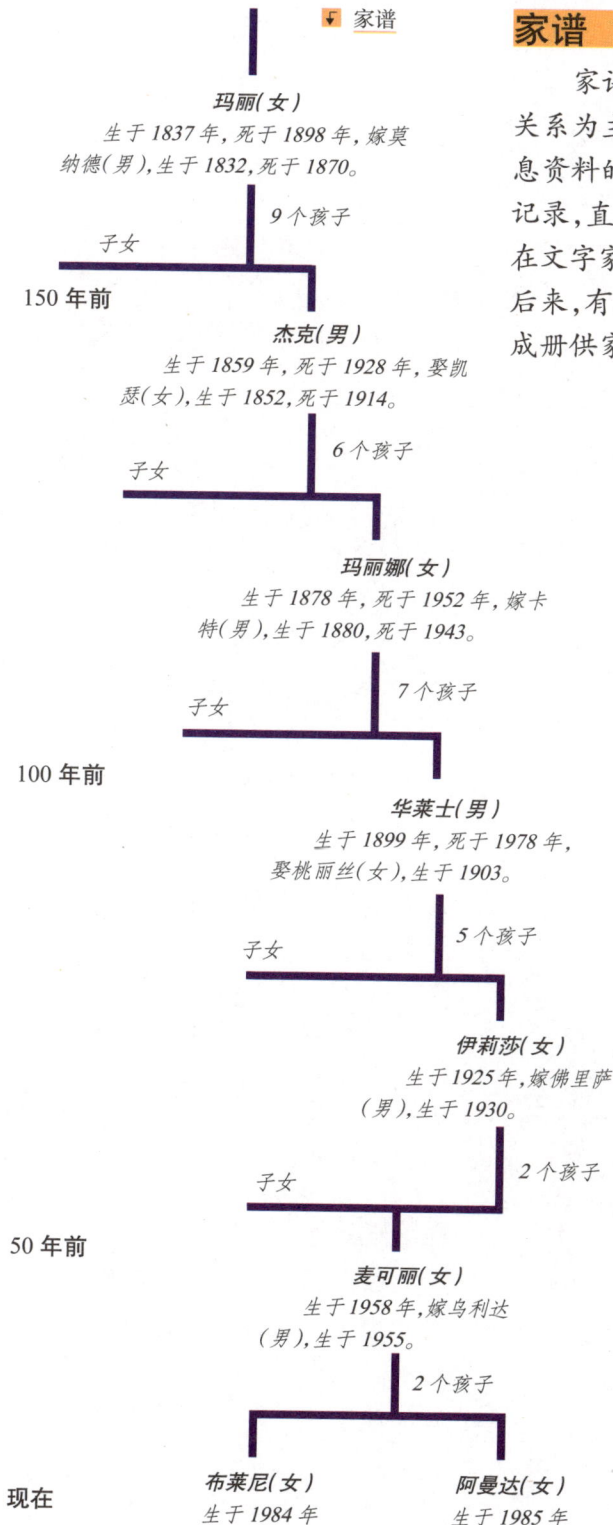

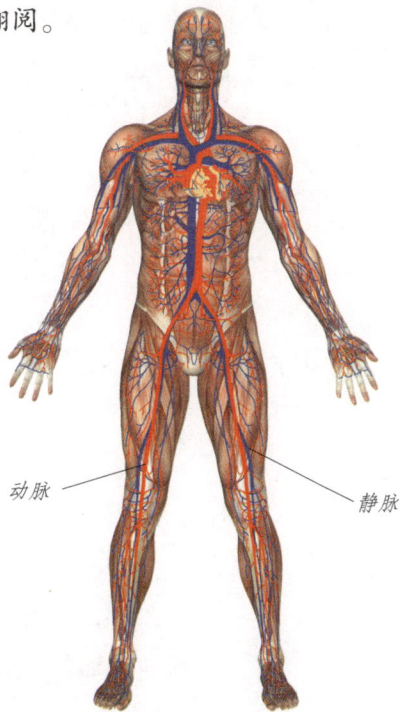

动脉　　　　静脉

↑ 人体血液循环示意图

血液循环图

　　人体的血液在身体内按一定方向循环往复流动，血液循环的主要功能是完成体内的物质运输，一旦停止，身体各器官将会因失去正常的物质转运而发生新陈代谢的障碍。血液循环图可以让我们非常清晰地看到血液经过的器官及流动方向。

其他图

除我们前面介绍过的几种常见图表外，还有很多图表同样可以帮助人们获取信息，成为文字的"好搭档"。这些图表不仅形状及传递信息的方式不同，而且适合使用的场合也不一样，所以我们在制作和使用时，一定要掌握它们各自的特点。

散点图

散点图又称散点分布图，是以一组数据为横坐标，另一组数据为纵坐标，利用散点的分布形态来反映数据变化统计关系的一种图形。

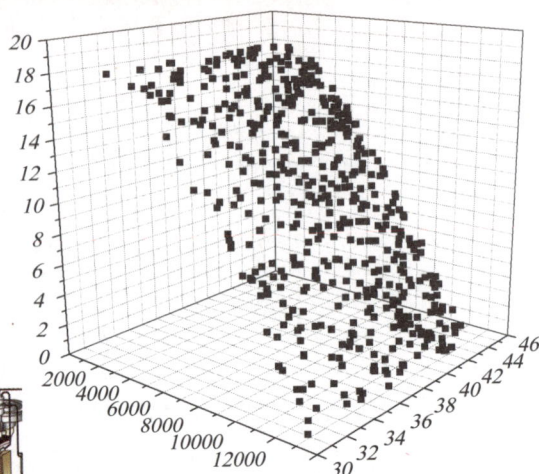

↑ 散点图

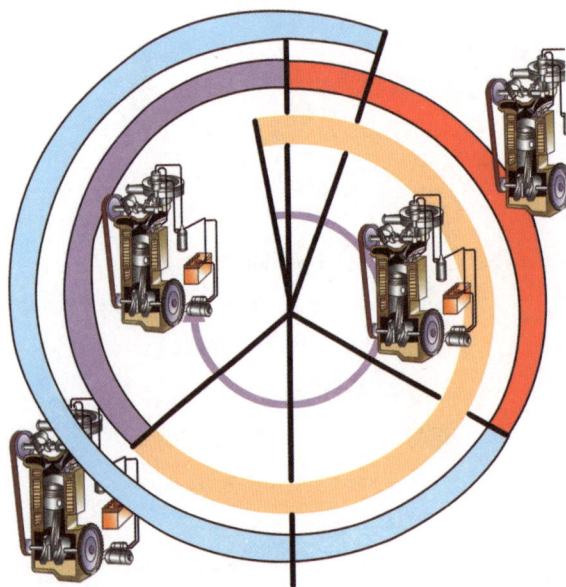

↑ 内燃机的环形配器相位图

圆环图

圆环图在圆环中显示数据，其中每个圆环代表一个数据系列。圆环图与扇形图一样显示部分与整体之间的关系，但它可以包含多个数据系列。

面积图

面积图强调数量随时间而变化的程度,也可用于引起人们对总值趋势的注意。通过显示绘制值的总和,面积图还可以显示部分与整体的关系。

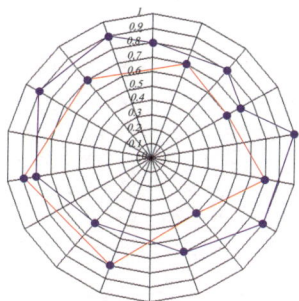

↑ 雷达图

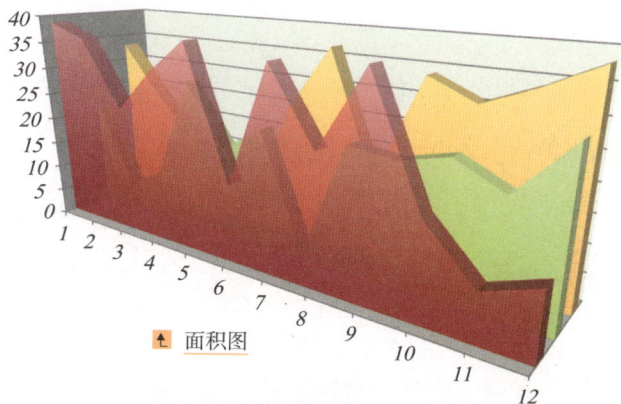

↑ 面积图

雷达图

雷达图用来表示已取得的工作业绩与目标业绩之间的差距,是财务分析图表的一种。通过雷达图人们可以了解到公司各项财务指标的变动情况及趋向。它因图形酷似雷达而得名,也有人称之为蜘蛛网图。

↓ 各种各样的图表很多,它们最终的目的是让我们把不容易看明白的东西简单化。

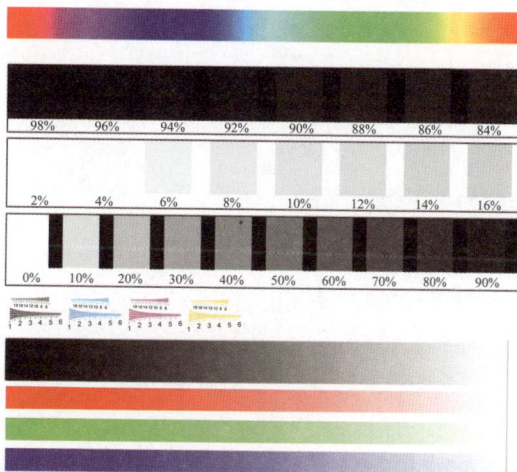

应用图示

我们在看报纸或书籍时，经常会看到一些图示，它们可以补充说明文字无法表达的内容，有助于我们理解和掌握各种信息。图示的种类有很多，每种图示的表达方式不同，下面我们来了解几种常见的图示。

地图

地图是我们比较熟悉的图示，在显示一个国家内部组成或与其他国家地理位置关系时非常有用。地图可以标示各国所处的气候带、森林覆盖面积和海洋分布等信息。

气象图

我们看天气预报节目时常常能够看到气象图，它是用于分析大气的物理状况和特性的图表的统称，主要有地面气象图和高空气象图两种。地面气象图填写的数值和符号有气温、露点、云状、云量、能见度、风向、风速等，可以传递出各种关于天气状况的信息。

↑ 卫星拍摄到的台风气象图

图例

　　图例是各种地图上表示地理事物(如道路、城市、河流)的符号,这些符号所表示的意义,常标注在地图的边角上。图例是表达地图内容的基本形式和方法,是开启地图的"钥匙"。所以我们在看地图之前,应该先掌握图例中符号和标注的意义。

汽车解剖图

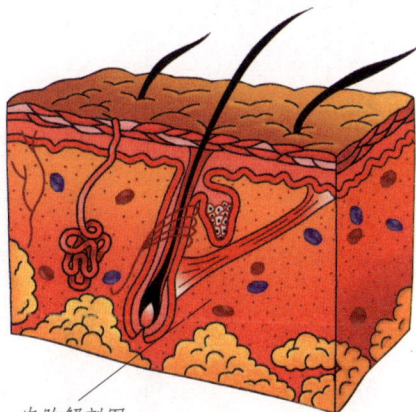

皮肤解剖图

歌剧院解剖图

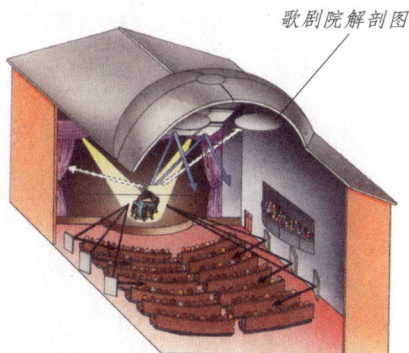

居民地

省、直辖市
人民政府驻地

地级市
人民政府驻地

市、县、区
人民政府驻地

乡、镇、街道

村庄

水　文

河流、湖泊

水库

渠道

运河

交　通

铁路及车站

高速公路、服务区、互通及里程

建筑中高速公路

国道、编号及里程(千米)

省道、编号及里程(千米)

县乡道及里程(千米)

车渡、桥梁

境　界

省、直辖市界

地级市界

县(市、区)界

其　他

山峰

隧道

关隘

机场

国家级
风景名胜区

省级
风景名胜区

国家级
自然保护区

省级
自然保护区

森林公园

▲ 图例一览表

解剖图

　　解剖图是把物体平分切开的图,经常用来解释固态的物体如何发挥作用,一般都配以标示文字加以说明。建筑物解剖图及人体解剖图都是我们比较常见的。

存储信息的载体

从古代的竹片和甲骨到现代的光盘和存储卡，存储信息的载体经历了一个漫长的完善过程。在这个过程中出现了各种功能各异的载体，其中有些现在已被"后起之秀"代替，有些仍然担当着存储信息的重任。

古代的载体

古时候，人们没有纸张和各种高科技的存储载体，只能将信息刻写在甲骨、竹片或绸布上。

78 转唱片所用的主要原料是虫胶，大部分来自印度。

唱片

唱片是一种早期用于存储音乐信息的载体，被发明于 19 世纪后期。如今，它已经成为一种收藏品，具有很高的艺术欣赏性，在市场上非常罕见，一般只能从电视或电影中才可以看到它的"身影"。

古人用竹简来记载文字

磁带

磁带是一种用于记录声音、图像、数字或其他信号的载有磁层的带状材料,出现于 20 世纪初期。它是产量最大、用途最广泛的一种磁记录材料。

➡ 磁带的诞生要感谢一个叫马文·卡姆拉斯的人,他在 1937 年找到了一种较为理想的磁性颗粒——氧化铁粉。他将这些铁粉末涂抹在塑料带上,放入磁场处理,制成了又轻又薄的录音磁带。

硬盘

硬盘是电脑主要的信息存储载体之一,大多是固定的,被永久性地密封在硬盘驱动器中。但随着互联网的广泛应用及科技水平的发展,一种可移动的硬盘出现在了我们的生活中。它可以随主人四处走动,在任何一台电脑上都可以被使用。

磁盘与光盘

磁盘与光盘都是出现于 20 世纪中后期的存储信息载体,它们存储信息的方法不一样。磁盘是通过盘片上的磁性来记录和存储信息,而光盘是依靠激光来记录和存储信息。

➡ 硬盘是电脑各种配件中非常耐用的设备之一,如果保养得好,一般可以用 6 ~ 7 年。

优盘

各类存储卡

存储卡是一种新型信息存储载体,用于手机、数码相机、笔记本电脑、MP3及其他数码产品,具有体积小巧、携带方便、操作简单、可交换使用等优点。

存储卡

1GB MiniSD Kingston

Kingston 256 MB microSD

生活中的信息

信息无处不在，我们在日常生活中可以通过各种媒介掌握信息，使我们足不出户，就可以知晓天下事。电视、报纸、录像、电影等信息载体，都可以通过不同的形式来传递信息，使我们的生活变得丰富多彩。

照片

照片通过图像形式记录并存储信息，当我们看到照片上的图像时，就会不由自主地联想到一些相关的事情。照片能记录我们生活中的喜、怒、哀、乐，为回忆提供线索信息。同时，照片在法庭上也可以作为证据使用。

↑ 从监控录像中看到的恐怖分子

录像

录像是一种可以同时记录图像和声音信息的载体，能够真实再现过去的情景。录像不仅能让我们了解当时的环境，而且还可以看出人物的表情变化。录像机、数码相机、手机等都是录像的工具。

↑ 20世纪50年代的老照片

电视

电视是传递信息的重要途径，我们可以通过丰富多彩的电视节目获得时事、科技、军事、天气、医疗、娱乐等方面的大量信息。电视现在已经成为我们生活的"伴侣"，如果没有电视，生活就会失去很多乐趣。

← 人们可以从新闻中了解到最新的信息

电影

我们也可以通过电影来获取信息，声音与画面的完美结合，能带给人一种身临其境的感觉。根据电影所反映的内容不同，我们不仅可以掌握很多过去的信息，回顾我国悠久的历史，而且还能了解外国的风土人情，开阔眼界。

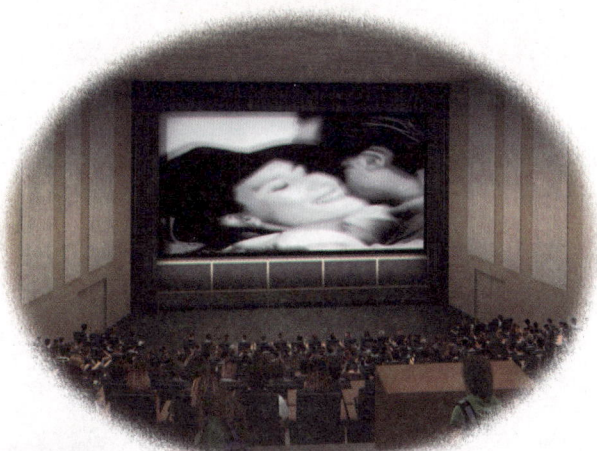

↑ 电影也可以向人们传递信息

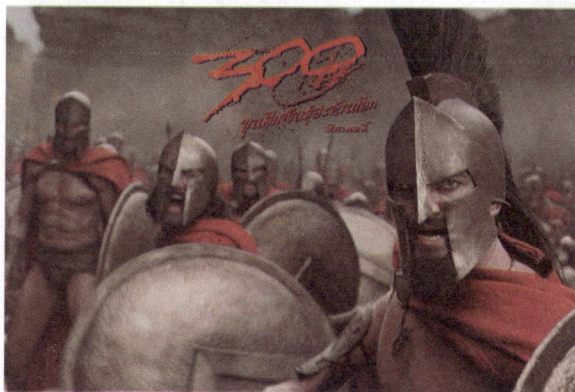

← 电影《斯巴达300勇士》让我们了解到，在公元前480年爆发的希波战争中，波斯国王薛西斯率领海陆军侵入古希腊，斯巴达王列奥尼达率军扼守温泉关抵抗。因内奸出卖，波斯人从小路包围袭击，300名守军中有298人战死，仅有2人生还，杀死近2万波斯侵略军。

报纸

报纸是大众传播的重要媒体，已经走过了漫长的历史，具有反映和引导社会舆论的功能。报纸不仅刊载新闻和时事评论，而且还刊登大量与生活息息相关的信息，为我们的工作和学习提供了极大帮助。

信息保密

从古至今，人们就采取各种方法来保护与自己、集体或国家利益相关的重要信息。随着科技水平的迅速发展，信息保密手段也越来越先进，更加有效地保护了信息的安全。

令人费解的暗语

暗语也称为隐语，就是把秘密信息变换成字面上有一定意义，但与该信息完全无关的话语，一般人完全听不出其中的真正意思。暗语是一种沿用时间长，应用范围广的信息保密方法，在当代各国军队中，执勤哨兵或基层分队使用的简易联络口令，仍然采用暗语。

闪电

雷鸣

自己人

↑ 人们从银行的自动取款机上提款时，必须使用密码。

无法猜测的密码

密码是隐藏了真实内容的符号序列，它是比较常用的信息保密方法。在近现代战争中，传递情报和指挥战争都离不开密码。随着计算机和信息技术的发展，密码技术的发展也非常迅速，应用领域不断扩展。我们在银行取款、登录计算机、开启保险箱时都需要使用密码。

神奇的加密狗

加密狗是一种用来保护计算机信息不被盗用的产品。经过加密的计算机文件，只有插入这个神奇的加密狗才可以正常运行，否则任何人都看不到里面的真正内容。加密狗具有判断、分析等功能，增强了它的反解码能力。

▲ 计算机的登陆系统需要输入正确的密码才可以进入

▲ "加密狗"是一种插在计算机并行口上的软硬件结合的加密产品，软件开发者可以在软件中设置多处软件锁，利用软件狗作为钥匙来打开这些锁；如果没插软件狗或软件狗不对应，软件将不能正常执行。

➡ 第二次世界大战期间的太平洋战场上，日军总能用各种方法破译美军的加密电码，这令美军在战场上吃尽了苦头。于是，美军征召了几百名印第安人入伍，将他们训练成了专门的译电员，因为他们的语言没有外族人能够听懂，日军根本无法破译他们的信息。

小 故 事

早在公元前 5 世纪，斯巴达人就曾采用一种称为"天书"的方法来秘密传送情报。他们将羊皮条缠在柱子上，自上而下地书写情报内容，写完后把羊皮条解开，人们看到的是一条互不连贯的字母串。只有找到和原柱大小相同的柱子，把羊皮缠上去，才能将字母对准，从而正确地读出情报内容。

信息战

21世纪的战争不再是金戈铁马,血雨腥风,而是融入了更多科技含量的信息战争,它改变了过去真枪实弹、人对人的作战方式。信息战虽然凭借奇异技术或许能够避免人员伤亡,但打击面积非常广泛,同样会对人们的生活造成严重危害。

没有硝烟的战争

提到战争我们立刻会想到硝烟弥漫和枪林弹雨,但信息战却是一场没有硝烟的战争。信息战以信息为主要武器,综合运用军事欺骗、心理战、电子战和对敌方信息系统的实体摧毁、阻断敌方的信息流等手段,来影响和削弱敌军指挥控制能力。同时,还要确保自己的指挥控制系统免遭敌人破坏。

➤ 早期战争用热气球来侦察敌方的动态

美国的SR-71"黑鸟"侦察机

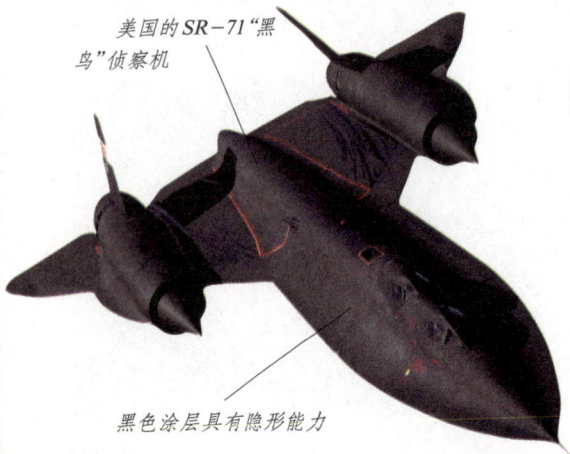

黑色涂层具有隐形能力

隐形的威力

破坏信息系统和影响人的心理是信息战的两大特点。战争双方会通过间谍和侦察手段窃取敌方重要的机密信息,同时向敌方传播大量负面信息,扰乱战争局势。不过,信息战最重要的威力还在于对参战人员的心理影响和随之对其行为的控制。

信息战的影响

信息战不仅促进了情报收集技术的进步和发展，而且弥补了常规武装力量的不足，避免流血和死亡。未来信息战可以用计算机干净利索地破坏敌方的空中交通管制、通讯系统和金融系统，给平民百姓的日常生活造成极大混乱。因此说信息战同其他形式的战争一样可怕。

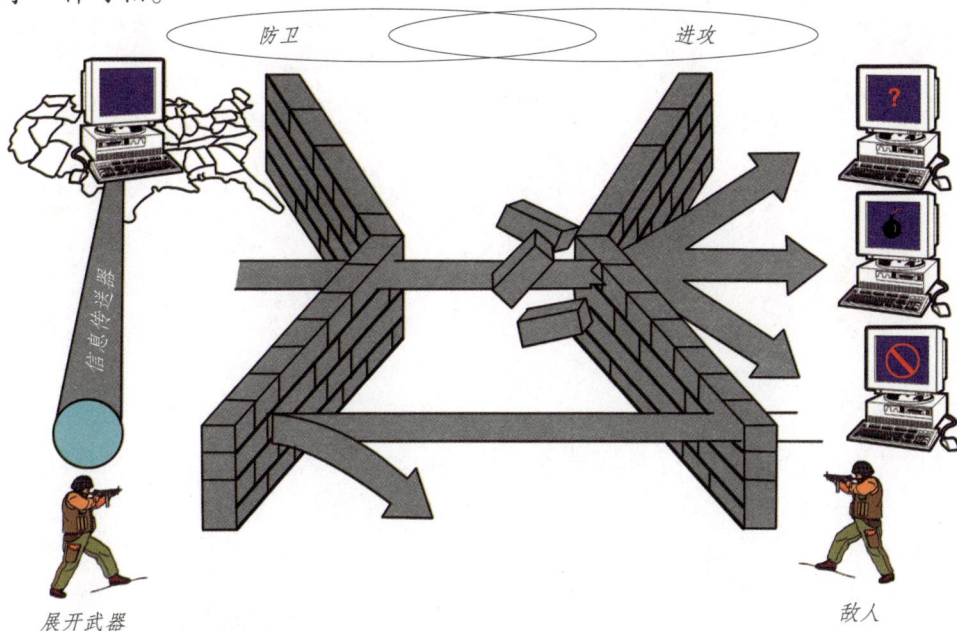

防卫　　进攻

信息传送器

展开武器　　　　　　　　　　　　　　　　　　　　敌人

信息战的三个层次

信息战大概分为三个层次，分别是用电子信息装备强化和改变传统战术，进行有信息装备辅助的军事战斗；信息领域中的直接战争；从军事战场上的信息战演化为全社会的信息战。

随着科技水平的不断发展，电子战逐渐在空战领域登陆。电子战飞机应运而生，EA-18G能有效地干扰敌方雷达，甚至可以阻截对方的情报信息发送。

▲ 美国"咆哮者"EA-18G电子攻击机

信息战的主要方式

信息战被称为"没有硝烟的战争"，是因为它采用了许多高科技的作战方式。无孔不入的计算机病毒、火力威猛的电磁脉冲武器、幽灵般的电子生物武器及技术高超的黑客等，都是信息战中的"狠角色"，它们代替了传统战争中的千军万马。

计算机病毒

在信息战中，作战双方借助通信线路扩散计算机病毒，使它侵入民用电话局、军用通信节点和指挥控制部门的计算机系统，并使其出现故障。同时也可以预先把病毒植入信息控制中心的智能机构中，这些病毒依据特定的信号或在预先设定的时间里发作，来破坏计算机中的资源。

电磁脉冲弹

核电磁脉冲是核爆炸瞬间产生的一种强电磁波，作用半径可达几千米，对人员没有直接杀伤作用，但能破坏电子设备和家用电器。可采用屏蔽的方式进行防护。

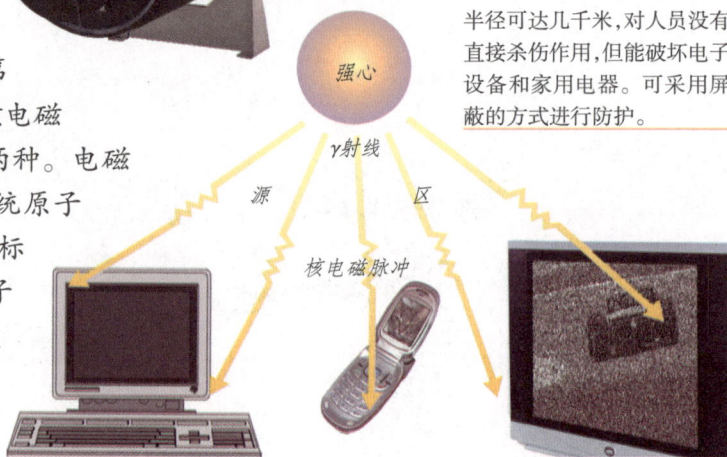

电磁脉冲武器

电磁脉冲武器号称"第二原子弹"，目前主要包括核电磁脉冲弹和非核电磁脉冲弹两种。电磁脉冲炸弹的打击目标与传统原子弹有很大不同。它的攻击目标有三类：一是军用和民用电子通信和金融中心，如指挥部、军舰、通信大楼等；二是防空预警系统；三是各类导弹和导弹防护系统。

强心

γ射线

源　　区

核电磁脉冲

核电磁脉冲可对电子设备造成干扰和破坏。

黑客

　　黑客是指那些凭借熟练的电脑技术和破译密码的本领，非法侵入他人计算机系统窃取信息，甚至破坏计算机系统的人。他们在信息战中发挥着非常重要的作用，成为计算机信息系统的"超级杀手"。

🔺 军方黑客正在进入敌方系统

电子生物武器

　　电子生物武器是由电子技术控制的生物武器，它的杀伤破坏作用主要依靠生物战剂。生物战剂是军事行动中用来杀死人、牲畜和破坏农作物的致命微生物、毒素和其他生物的统称，具有致命性、传染性强，波及范围广，危害时间长，隐蔽性强等特点。

　　➡ 沙林毒气是第二次世界大战期间德国纳粹研发的一种致命的神经性毒气，可以麻痹人的中枢神经。它的化学式是 $C_3H_7O_2PFCH_3$，它是常用的军用毒剂。右图是工作人员正在用兔子做实验。

过去战争中的信息传递

在过去的战争中，人们没有先进、快速的通信工具，只能依靠一些简单的信息传递工具。虽然这些传递方式与现代的通信工具比起来，无论从速度还是安全方面来讲都有很大差距，但在当时却发挥着重要的作用。

传令兵

传令兵是指古时候服侍上级军官并负责传达其命令的士兵，他们传递战争信息时，大多都是跑步前行。后来，传令兵泛指勤务兵、卫生兵、照看病房或做其他协助工作的士兵。

卫生兵身上都有很明显的标志

抗日战争时期，共产党的抗日武装用鸡毛信传送紧急信息，鸡毛的根数越多，表示情况越紧急。

六百里加急

我国在周朝时建立了用于传递信息的驿站，通过骑马将信息一个驿站接一个驿站地传递下去。凡是通过驿站传递的信息文件都要分缓件、急件。与战争有关的文件，还要在上面注明"马上飞递"字样，并规定驿马的速度为每天300里，如果遇到紧急情况，可达600里。

风筝

风筝在古代是传递信息和侦察军情的工具。汉朝刘邦和项羽决战时，刘邦手下的大将韩信曾放起一只风筝，根据线长来估测项羽军队驻扎地的距离，从而确定方位、开凿地道，攻破项羽大军。唐朝时，人们也曾利用风筝来传达求援信息。

《童戏风筝图》

飞鸽传书

信鸽自古以来就是有效的信息传递工具。鸽子送信时不但速度快，而且方位准确，可以穿越崇山峻岭、大江大河等障碍，顺利完成任务。

↑ 古埃及的渔民，每次出海捕鱼时都带着鸽子，以便传递求救信号和鱼汛消息。

◄ 马拉松比赛

小 故 事

很早以前，希腊军队在战争中获胜。传令兵一口气从马拉松镇跑到雅典报告喜讯，当他跑完 42.195 千米的路程，赶到雅典时就精疲力竭，倒地而死。为了纪念这位战士，他跑过的距离被作为一个长跑项目——马拉松，并列入奥运会。

现代信息传递

随着科技水平的发展，人们用来传递信息的方式和工具也越来越多。现代信息传递工具不仅提高了传递速度，而且所接收到的信息质量也有很大改善，有利于我们更好地利用和传播信息。

信件

将写好的信件装入信封后，通过邮局可以发送到全国，甚至全世界不同的地方。信件虽然能承载很多信息内容，但传递速度比其他现代信息传递工具慢。

► 早期电报局的繁忙场景

电报

电报是最早使用电进行信息传递的工具，根据时间的长短可以分为普通电报与加急电报两种。在通讯越来越发达的今天，电报的作用已经大不如从前，逐渐失去了昔日的辉煌。

电话

电话是通过电信号双向传输信息的设备，它是我们生活中使用最广泛的信息传递工具。电话传递信息的速度非常快，电话另一端的人几乎能在同一时间准确接收到对方传递的信息。

➡ 传真机

⬆ 电话现已成为人们非常依赖的信息传递工具

传真

传真就是利用电信号传送文字、图表、照片的信息传递方式。数字传真是新型的传真技术，传输方式从过去的模拟传输，变成了先进的数字传输。它可以连接到互联网上进行通信，因而具有图像质量好，传输速度快等优点。

⬇ 短信是用户通过手机或其他电信终端直接发送或接收的文字或数字信息，用户每次能接收和发送短信的字符数，是160个英文或数字字符，或者70个中文文字字符。

手机短信

手机短信不会受通话质量和距离的影响，可以及时、准确地传递信息。在医院、会场等需要保持安静的场合，利用短信来传递信息比使用电话更加合适。

电子邮件

电子邮件又称电子信箱，昵称"伊妹儿"，是一种用电子手段提供信息交流的通信方式。它综合了电话和信件的特点，可以利用文字、图像、声音等方式将信息传递给世界上任何一个角落的网络用户。

信息处理

信息的处理就是对所获得的大量信息进行加工、分析、归类、综合、筛选的过程，包括信息的加工整理、信息的存储、信息的传递三大部分。信息的种类有很多，不同信息的处理方法和地点也有所不同。

大脑

大脑对信息具有储存、加工重组、来源定位、行为指令等功能，所以我们才会产生思维。信息进入大脑后，大脑会对信息进行分析、判断、推想和想象等处理，然后形成自己独特的思维并存储下来。当我们看到某一物体时，能够准确判断出它的形状、大小、位置，就是因为我们的大脑具有信息来源定位功能。

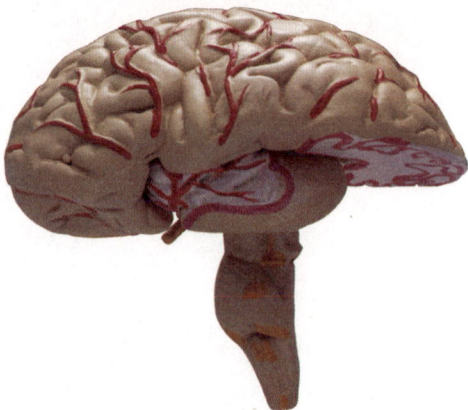

⬆ 大脑分为左右两个半球，分别管理着人体不同部位的功能。小脑负责人体的动作和协调性，脑干控制血液循环系统、呼吸系统等。

➡ 电脑的"心脏"就是指中央处理器，电脑运行速度的快慢也是由中央处理器决定的。

中央处理器

中央处理器，简称CPU，是电脑中的核心配件。CPU虽然只有火柴盒那么大、几十张纸的厚度，但它却是计算机的运算核心和控制核心。电脑中的所有信息都要经过CPU的处理，在它的指挥下进行工作。

邮件处理中心

　　邮件处理中心是指以邮件分拣封发、处理和运输等为主要工作内容的地方。来往于各地的邮件都会在那里进行一次"大集会"，经过一系列环节后，被运输到各自的目的地。邮件处理中心可以使邮件运输过程中的各环节工作更加规范化，有利于提高邮件的传递速度。

↑ 大量的邮件堆积在邮政局分发室

卫星测控

　　卫星测控包括对卫星进行跟踪测量、数据传送、信息处理和监视控制等多项工作任务，可以使卫星调整飞行轨道正常工作。卫星测控工作是由卫星测控中心的工作人员来完成的。

➡ 卫星监控中心的工作人员实时监控卫星的最新动态

信息社会

现代社会是一个信息化的社会，无论哪个行业都离不开信息。信息的占有量和传播速度在很大程度上代表着一个国家国力的强弱。在信息社会中，信息成为一种宝贵资源，与知识一起成为推动社会发展的重要动力。

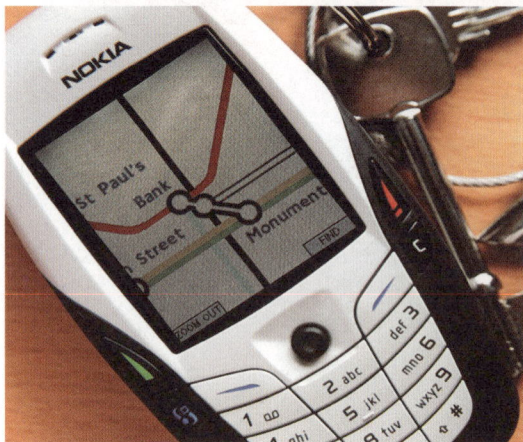

高效快速传递信息

信息化是在计算机技术、数字化技术和生物工程技术等先进技术基础上产生的。信息化使人类以更快更有效的方式获得并传递人类创造的一切文明成果，它将提供给人类非常有效的交往手段，促进各国之间的密切交往和对话，增进相互理解，有利于人类的共同繁荣。

➡ 现代信息与科技的发展令我们无法想象，在一个陌生的城市，竟然只要带一部手机就可以知道自己所处的位置。

随处可见的广告

无论我们走在城市的哪条大街或打开电脑上的哪个网站，都可以看到形形色色的广告。这些广告都在给我们传递着某种信息，或是关于商品，或是关于活动。各个商家都想通过信息攻略来占有市场，这足以表明信息在社会中的重要性。

➡ 各种漂亮醒目的广告牌，也是城市中的一道美丽风景。

垃圾信息

　　垃圾信息就是信息中无用、有害、给社会各个方面带来危害的信息。这些信息不仅不利于信息的安全应用和传播，而且影响我们的正常生活。计算机病毒，各种背离社会道德、国家法律的信息等都属于垃圾信息。目前，人们已经研究出很多种清除垃圾信息的方法。

⬆ 垃圾短信时常会困扰手机用户

⬆ 张贴在电话亭或建筑物上的各种垃圾广告，就像一座城市的"伤疤"。

信息"组合爆炸"

　　有时候，我们掌握的信息量越多，反而会使我们犹豫不定，对事情做不出及时、正确的判断。例如，当我们拿到一张陌生国家的地图时，怎样设计出一条既可以走遍全国，而又不会重复且路程最短的路线？如果城市少，我们可以找出各种可能的路线进行比较，但城市一多，这种办法就失败了。

⬇ 我们外出旅行时，可以按照旅行社的预定路线行进，也可以按照自己拟定的路线行进；我们可以坐车，可以徒步。多种选择有时反倒会让人无法选择。

信息流

信息流是指人们采用各种方式来实现信息交流，从面对面的交谈到采用各种现代化的传递媒介，包括信息的收集、传递、处理、储存、检索、分析等渠道和过程。信息流在企业中发挥着重要的作用，深入认识信息流，将掀开企业发展的新视角。

信息流与物流

在物流系统中，信息流的作用是识别各种需求在物流系统内所处的具体位置，两者之间的关系非常紧密，它们互为存在的前提和基础。但从传递内容来看，信息流是一种非实物化的传递方式，而物流转移的则是实物化的物质。

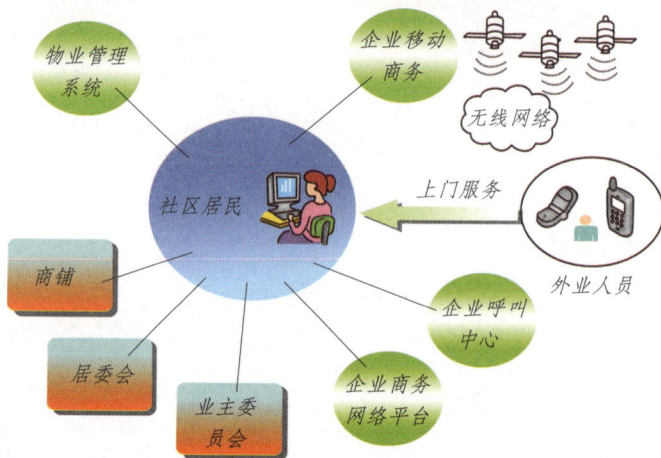

物业管理系统　企业移动商务　无线网络　社区居民　上门服务　外业人员　商铺　居委会　业主委员会　企业商务网络平台　企业呼叫中心

▲ 数字网络社区的信息流示意图

信息流的不同表现

信息流在不同公司中的表现形式不同。在批量生产的公司里，信息通常采取平行流动的形式：预测信息、生产计划及每日的装运单数目都是从一个公司传递到另一个公司、从一个工厂到另一个工厂。精益化生产的公司则尝试通过一个简单的时间安排点，以及创建一些信息的拉动环来简化信息流，提高工作效率。

信息流的过程

　　信息流分为采集、传递和加工处理三个过程。采集通常由操作层完成,随后管理人员按管理结构层层传达,最后再由统计人员按管理结构层层进行统计分析。

↑ 信息流的过程环环相扣,每个环节都会影响公司的正常运作。

企业的"晴雨表"

　　信息流在企业中发挥着十分重要的作用。信息流的质量、速度和覆盖范围,可以反映企业的生产、管理和决策等各个方面的水平。

← 弗略特·罗杰斯(左一),美国著名社会学家、传播学者。

传播学中的信息流

　　信息流是传播学中的一个重要概念,最早由美国传播学者弗略特·罗杰斯提出,与"影响流"一起成为其"N 级传播模式"的组成部分。

信息库

我们经常听说"粮库"、"车库"、"仓库",但是你听说过"信息库"吗?它到底是什么呢?原来,信息库就是指积累大量资料,向利用者提供科学技术、经济、医疗和新闻报道等需要的数据和信息的地方。信息库为我们利用和传播信息提供了极大方便。

图书馆与档案馆

图书馆是一个"图书海洋",里面有很多书籍,能为我们提供丰富的知识和信息,是名副其实的信息库。而档案馆里集中存放着各种档案,人们可以从诸多新旧档案中,获取需要的信息资源。

↑ 图书馆里汇集了各个领域的书籍

数据库与资料库

数据库是按照数据结构来组织、存储和管理数据的"仓库"。在企业的日常工作中,常常需要把某些数据信息放进这些"仓库",并根据需要进行相应处理。资料库是各种资料信息的"集中营",当我们需要某种资料时,可以在那里迅速找到。

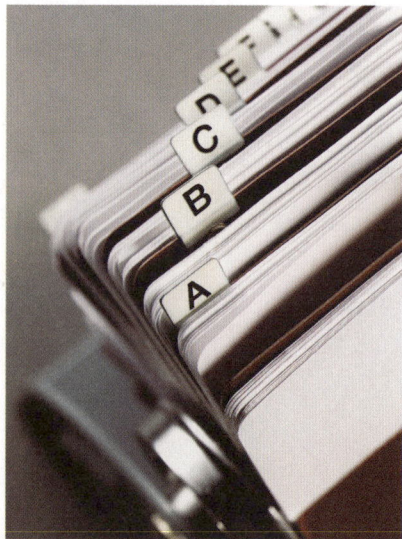
← 已经被分门别类的资料库

人才信息库

人才信息库里有很多人的资料，包括姓名、性别、年龄、学历、从事专业等信息。它既是进行人才档案信息普查、资料更新的基础，又是企业的人才资源库和人才储备库。

➡ 在网络上建立人才信息库，企业直接在网络上输入需要的人才信息，就会找到所需要的人才信息。

医疗信息库

医疗信息库就像一本"医学百科全书"，健康常识、疾病预防、紧急救助、疾病分析、药品介绍等相关医疗信息都可以在这里查询到，能帮助我们了解和掌握更多与身体健康密切相关的信息。

⬆ 医生正在将最新的病例认真地编入医疗信息库

图书在版编目（CIP）数据

科学在你身边. 信息 / 畲田主编. —长春：北方妇女儿童出版社，2008.10（2017.2 重印）
ISBN 978-7-5385-3526-6

Ⅰ. 科… Ⅱ. 畲… Ⅲ. ①科学知识－普及读物②信息技术－普及读物 Ⅳ. Z228 G202-49

中国版本图书馆 CIP 数据核字（2008）第 137220 号

出版人：李文学
策　划：李文学　刘　刚

科学在你身边

信息

主　　编：畲　田
图文编排：刘　艳　白　冰
装帧设计：付红涛
责任编辑：佟子华　姜晓坤
出版发行：北方妇女儿童出版社
　　　　　（长春市人民大街 4646 号　电话：0431-85640624）
印　　刷：三河市燕春印务有限公司
开　　本：787×1092　16 开
印　　张：4
字　　数：80 千
版　　次：2008 年 10 月第 1 版
印　　次：2017 年 2 月第 7 次印刷
书　　号：ISBN 978-7-5385-3526-6
定　　价：29.80 元

质量服务承诺：如发现缺页、错页、倒装等印装质量问题，可向印刷厂更换。